당신과 일하고 싶습니다

"결국 살아남는 사람들은 평범하더라!"
성공하는 보통 사람들의 23가지 습관

박민희
지음

— 서툴고 소심하고 튀지 않아도 그럼에도 —

당신과
일하고
싶습니다

살림

보통 사람이 성공한다

처음 사회생활을 시작할 무렵 겪은 가장 충격적이고 이해할 수 없었던 두 가지 사건이 있다. 아직도 머릿속에 생생하게 그림으로 남아 있다. 머리에 파리가 앉으면 미끄러질 것같이 매끈하게 하나로 묶고서 흰색 셔츠에 검은 스커트를 입고 바짝 긴장해 있는 신입사원들 공채 교육을 진행할 때면 이 기억이 드라마처럼 눈앞에 펼쳐지곤 한다.

모든 것이 평범했던 어느 날 오전이었다. "야, 이 개××야! 이것도 보고서라고 써 왔냐? 뭐? 다시 말해봐!" 깜짝 놀라서 고개를 들고 이사님 쪽을 바라보니 보고서들이 산산이 흩어져 하늘 같은 과장님 머리 위로 흩뿌려지고 있었다. 얼굴이 붉어지다 못해 검게 변한 과장님이 "에이, 더 못해먹겠네, ××."라고 하시며 자리로 들어오고 있었다. 당시 입사 1년 차이던 나는 그 광경을 접하고 '이제 우리 부서는 끝났구나.'라고 생각했다. 심장이 쫀득해져서 고개를 책상에 수그린 채 겉옷으로 내 등을 덮고 잔뜩 웅크린 채 납작 엎드려 있었다. 그 와중에도 빠끔히 광경을 훔쳐보니 젖줄 대리님은 모욕당한 우리 부서 보고서를 한 장씩 주워서 책상에 가지런히 모으고는 속까지 시커멓게 탄 과장님을 모시고 나가고 있었다. 아마 옥상에 담배를 태우러 가셨으리라.

　여기까지는 여느 조직에서 흔히 있을 수 있는 장면인지 모른다. 그러나 나를 더 놀라게 한 일은 그다음에 일어났다. 점심시간이 되자 이사님이 "야, 김 과장, 밥 먹으러 가자." 하며 과장님을 찾으셨고, 과장님과 대리님은 나까지 덤으로 챙겨서 이사님을 모시고 함께 식사를 하러 나간 것이었다. 그날의 메뉴 선지해장국이 아직도 잊히지 않는다. '이건 뭐지? 다시는 안 볼 것처럼 으르렁대고 싸우더니 사랑싸움이었나? 아니면 신뢰와 우정의 표현인가? 이사님은 어제 과음 후유증으로 우리에게 화풀이를 한 것인가?'

　같은 해 연말 조직 개편은 사회 초년생인 나에게 한 번 더 시련을 안겨주었다. 그 생경함을 아직도 기억한다. 나에겐 한 줄기

희망이자 젖줄이었던 대리님이 다른 부서로 발령이 난 것이다. 서운함과 황망함에 곧 울 것만 같은 표정을 짓는 나에게 내 생애 첫 사수는 이렇게 말해주었다. "야, 찐빵! 회사라는 데는 아무리 서로 좋아도 2~3년, 아무리 싫어도 2~3년이야. 너무 서운해하지 마, 시간이 지나면 또 만나게 된다." 매일 아침부터 저녁, 아니 새벽까지 같이 밥 먹고 일하던 동료와 선배들은 발령이 나자 아무렇지 않게 각자 짐을 싸고 인수인계를 한 후 떠났다. 그 후 비슷한 상황은 수십 번 되풀이되었다. 지금은 조금 익숙해졌지만 당시만 해도 때가 되면 당연한 듯 헤어지는 회사 사람들이 이해가 가지 않았다.

가족보다 더 많은 시간을 함께 보내는 사람들, 자신의 치부와 욕망이 다 드러나는 관계, 이렇게 진하게 맺어진 회사라는 울타리 속에서 겨우 우리는 2~3년 차의 관계만 맺고 있는 걸까? 이런 의문을 품은 채 다양한 조직에서 많은 사람과 상황을 겪어오면서 정말 회사와 구성원이 모두 원하는 인재는 어떤 사람들일까를 생각해보았다. 혼자 80퍼센트 이상의 과업을 해내는 뛰어난 사람, 그 모든 것을 뛰어넘는 천재, 다시는 같이 일하기 싫은 폭탄, 가혹한 상사, 착하지만 무능력한 선배, 나를 지지해주는 후배, 나를 배신한 후배….

영국의 미래학자 찰스 핸디는 미래의 조직에 대해 1/2×2×3 법칙을 제시한 바 있다. 그것은 앞으로 조직은 필요한 인력의 절반의 사람만 뽑고 그 사람들은 성과를 2배로 낼 것이며 급여를 3배 받게 될 것이라는 의미를 담고 있다. 이에 따르자면 회사는 앞으로 더욱 신중하게 사람을 뽑을 것이다. 그렇다면 회사가 원하고 구성원이 함께 일하고 싶은 사람은 정말 한 명의 스타급 플레이어, 하이퍼포머일까. 오랜 시간 기업의 교육을 책임지면서 나는 이러한 의문을 끊임없이 품었다.

어느 날부턴가 이렇게 좀처럼 풀리지 않는 의문을 내 주변에서 함께 일하는 사람들, 과거의 직장 동료들에게 꺼내기 시작했다. 어떤 사람과 함께 일하고 싶냐고, 다시 일하고 싶은 사람은 어떤 사람이냐고. 놀랍게도 그들은 대부분 '진심으로 나를 가르쳐주고 도와준 사람'이라고 이야기했다. 이러한 대답은 개인 차원에서만 일어난 것이 아니다. 또 인사 그룹에서도 소수의 탁월한 인재보다는 묵묵히 제자리를 지켜준 구성원들에게 지지의 한 표를 던졌다. 누구나 인정하고 성과를 견인하는 인재보다 의외로 평범한 사람들을 필요로 하고, 묵묵히 회사를 떠받치고 있는 그들로부터 받은 선의의 고마움을 잘 잊지 않았다.

그리고 나는 마치 일 잘하는 소수만을 위해 존재하는 것 같은 이 비정한 세상에서 열심히 일하는 다수의 평범한 사람들에게 이러한 진실을 알려주고자 이 책을 쓰기로 결심했다. 나는 이 책을 통해 구성원은 성과를 내는 도구로, 사장은 성과에 미친 나머지 심장이 없는 사람으로 전락해버리는 회사에서 잠시 멈춰서 제대로 사는 법에 대해 생각해볼 것을 제안하고 싶다.

우리는 지금 시대적 전환기에 살고 있다는 이야기를 많이 한다. 그리고 그 어느 때보다 진정성에 대해 갈망한다. 경영환경이 어려워지고 경쟁구도가 무너지는 때에는 혁신이 필요하다. 매슬로는 이렇게 말했다. 연장이라고는 망치밖에 써보지 않은 사람은 모든 상황에서 망치를 도구로 사용한다고. 우리가 함께 일하는 사람들에 대해 가지고 있던 색안경을 벗고, 그저 도구와 거래 수준으로 전락한 우리의 일하는 방법과 관계 맺는 단계에서 그 프레임을 깨고 다음으로 나아갔으면 한다.

폭발적인 인기를 얻었던 드라마 〈미생〉이 세대를 넘어 폭넓은 공감을 얻었던 이유는 회사라는 공간에서 살아가는 사람들이 모두 사실은 한 사람의 인간이고, 가정의 가장이며, 상처를 감추고 센 척하면서 살고 있다는 사실에 공감했기 때문일 것이다.

중학생 딸아이의 사회 시험 암기를 도와주다 보니 '가정'이라는 단어의 뜻이 새롭게 눈에 들어왔다. 가정이라고 하면 혈연적으로 연결된 사람들이 같이 사는 것이라고 생각하기 쉽지만 실은 공동의 목적을 가진 사람들이 오랫동안 함께 사는 것이다. 즉 혈연적인 연결이 아니더라도 가족 구성원을 이룰 수 있다.

이 책은 가족보다 더 많은 시간을 함께 보냈던 사람들과의 에피소드를 바탕으로 구성되어 있다. 어쩌면 무한하게 반복되기 때문에 지극히 당연하게 되어버린 우리의 일상이 한 번의 미소와 양보로 지옥에서 천국으로 바뀔 수 있다는 것을 이야기하고 싶다. 사물같이 대했던 사람들이지만 돌이켜보면 여전히 함께 일하고 싶은, 그런 따뜻한 사람들이었음을 고백한다.

당신과 일하고 싶습니다.

2015년 8월
박민희

★ 프롤로그 보통 사람이 성공한다

★ 에필로그 오늘도 수고하셨습니다

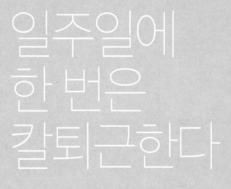

평안을 너희에게 끼치노니 곧 나의 평안을 너희에게 주노라.

(요 14: 27 상)

나는 한때 가장 늦게 출근하고 가장 일찍 퇴근하는 사람 중 하나였다. 칼퇴근은 어쩌면 스스로를 전문가처럼 일한다고 자부했던 내가 지키고 싶었던 자존심이었을 수도 있다. 다른 사람보다 일을 빨리 끝낸다는 의미로 말이다. 바쁜 출근 시간의 모습은 다들 비슷할지 모르지만 퇴근만큼은 개인마다 팀마다 다르다. 퇴근의 의미는 무엇일까? 우선 물러날 퇴(退), 부지런할 근(勤), 즉 부지런함으로부터 물러난다는 의미를 가지고 있다. 바쁜 일상에서 한 발자국 물러서는 것, 죽을 둥 살 둥 핏대를 올리며 전쟁을 치르던 하루에서 그만 철수하는 것을 의미한다. 그리고 저녁이 되는 것이다.

저녁은 하루를 마무리하는 시간이기도 하지만 또 다른 시작을 의미한다. 유대인들은 하루의 시작을 저녁으로 보았다. 저녁부터 하루가 시작된다고 믿는 것이다. 이런 의미에서 보면 하루를 마감하는 퇴근은 사실 내일의 시작이라고 할 수도 있다.

각양각색의 퇴근 모습을 시간대별로 네 가지 단계로 구분해보았다.

1단계는 6시 칼퇴근이다. 이것은 어지간한 배짱이 없으면 사실 어렵다. 업무 강도가 점점 더 강해지고 있는 이때에 칼퇴근이라. 아마 그동안 쌓아둔 야근의 내력이나 집에 개인적인 일이 있어서 들어가야 하는 경우가 아니라면 대부분 6시에 바로 나가는 경우는 드물다. 괜스레 '요즘 일 없나?' 하는 오해를 받을 수도 있고, 아니면 '요즘 별로 회사에 마음이 없나보지?' 하는 오해를 받을 수도 있다. 그래서 오후 6시부터 6시 30분, 오후 6시 30분부터 7시 30분까지 시간대는 치열한 눈치작전이 펼쳐지는 타임라인으로 들어간다.

'법적인 노동시간을 다 채웠는데 웬 눈치?'라고 할 수 있지만 제일 좋을 때는 이 시간대에 팀장들과 임원들이 회의를 계속하는 것이다. 그래서 아직 돌아오지 않았을 때 부득이하게 먼저 퇴근할 수 있다. 이럴 때는 귀엽게 포스트잇을 팀장님 책상에 살짝 붙여놓고 가면 어떨까?

"먼저 들어가보겠습니다."

이런 시도를 하다가 퇴근하려고 엘리베이터를 기다리는데 그날따라 엘리베이터가 늦게 도착하는 데다가 갑자기 비상계단 쪽 문이 열리면서 회의를 마치고 나오는 팀장, 임원들과 줄줄이 마주칠 수도 있다. 아예 일찍 가버리든가, 5분만 자리에 앉아 있을 걸 하는 후회가 몰려든다. 그리고 마침내 엘리베이터가 와서 타려는데 거기에 나의 팀장이 타고 계시다면!

"여태껏 기다렸어? 먼저 들어가지 그랬어. 저녁도 못 먹었겠네?"

"아, 예. 먼저 들어가보겠습니다."

2단계는 저녁 먹기 전 시간대다. 이 시간은 눈치의 핫 타임 라인과 겹치기도 하는데, 업무 몰입도가 올라가는 시간이기도 하다. 그 이유는 해야 할 일을 마무리해놓고 밥 먹지 않고 퇴근하거나, 아니면 약속이 있어서 급하게 나가야 하지만 일을 정리해놓고 나가야 하거나, 퇴근 전까지 꼭 달라는 문서를 완성해놓고 가야 하기 때문이기도 하다.

보통은 오후 5시 정도부터 업무에 집중하는 시간대가 되기도 한다. 이때 팀장은 팀원들의 상황을 눈치껏 잘 살펴야 한다. 얼마 전 구성원들 대상으로 실시한 설문에서는 퇴근 전에 "저녁 먹을 사람!" 또는 "오늘 저녁에 뭐 시켜 먹을까?" 이런 식으로 크게 말할 때 매우 부담되고 업무 의욕이 떨어진다는 결과도 있었다. 하긴 하루에 밥을 두 번이나 회사 사람과 먹는 것은 좀 과할 수도 있겠다. 아무튼 팀장이 큰소리로 말하지만 않았다면 오늘 야근하는 사람을 공식적으로 파악하는 것도 아니고 엄연히 퇴근 시간 후에 한 시간 정도 더 일하고 가는 건데 괜히 일찍 퇴근하는 쪽으로 분류되니 은근 억울하다는 생각이 들 수도 있다.

"오늘 말씀하신 것 정리해서 지금 사내 쪽지로 보내드렸습니다."

"어, 그래요? 그럼 지금 같이 얘기할까?"

"아, 제가 오늘 약속이 있어서요. 저녁에 검토하실 거면 내일 아침에 같이 리뷰하시면 어떠세요?"

"어, 그럽시다."

"네, 먼저 들어가보겠습니다."

이렇게 누군가 퇴근의 길을 열어주면 그다음은 쉽게 퇴근할 수 있다.

"네, 저도 먼저 좀 들어가보겠습니다."

"내일 뵙겠습니다!"

"수고하셨습니다!"

이렇게 한차례 퇴근 릴레이가 정리되면 그다음은 저녁을 먹으러 나가는 시간이 된다. 밥을 먹으러 밖으로 나가거나 여의치 않으면 배달의 민족답게 배달을 시켜서 저녁을 먹는다. 저녁밥이 올 때까지 30~40분이 지나고 밥을 먹고 나면 또 몇 명은 퇴근을 한다. 왜냐하면 밥이 도착하기 전까지 엄청 집중해서 일한 덕에 오늘 해야 할 일은 어느 정도 마무리가 되었기 때문이다.

3단계는 본격적인 야근으로, 저녁을 먹은 후부터다. 이때는 사무실에 TV를 켜놓기도 하고 음악을 틀어놓기도 하면서 아예 재택 근무하듯 여유가 생긴다. 사무실은 나의 거실이 된다. 조금 여유 있게 낮 시간 동안 하지 못했던 기획안을 차근차근 보기도 하고 깊은 고민을 하기도 한다.

밤 9시 정도가 되면 뇌가 다시 활성화되는 것 같다. 마치 오전 11시처럼 집중이 잘된다. 바쁘게 날아오던 사내 쪽지, 전화, 문자도 거의 끊기고 마치 휴일에 근무하듯 나만의 시간이 펼쳐지기도 한다. 내 공력이 발휘되기도 하고 말이다. 잘 안 풀리던 보고서도 쉽게 정리되어 마무리하다 보면 아직 야근족이 한두 명 더 남아 있다. 인사를 하지 않고 살짝 나와도 되지만 책상 근처까지 가본다.

"일 많이 남았어요?"

"아, 네. 아직 더 해야 해요."

"요즘 계속 늦으시는 거 같던데."

"네. 일이 끝이 안 나네요. 안 들어가세요?"

"아, 저는 이제 오늘은 그만하고 들어가려고요. 먼저 들어가보겠습니다."

이때도 실은 숨은 야근의 한 수가 있다. 이때 퇴근한 줄 알았던 임원이나 팀장이 무심코 사무실에 다시 들어올 때가 있다. 두고 간 서류나 물건을 찾으러 오든지, 아니면 임원단 회식 후 사무실에 누가 남아 있는지 궁금해서 살짝 오기도 한다. 그래서 모처럼의 야근이 누군가에게는 상시 야근이 되어 흐뭇해진 임원에게 가산 점수를 받게 되기도 하지만, 누군가에게는 마침 내가 퇴근하고 나자 하필 임원이 들어오시는 바람에 생색낼 수 있는 기회가 사라지기도 한다. 결국 이것도 운인가보다.

4단계는 자정족이다. 건물에 자기 혼자만 남아서 관리 아저씨가 손전등 비추면서 "아직도 안 나갔어요? 지금 이 건물에 아가씨 혼자 남았어!"라고 할 때까지 안 나가는 것이다.

"가장 늦게까지 남아 있을 때 희열이 느껴져요. 일은 어차피 해도 해도 끝이 없으니 즐겨야죠."

이렇게 말하는 사람이 있다면 과연 매일 이렇게 견딜 수 있을까 싶지만 자정까지 일하는 청춘들이 분명 있다. 자정이 지나 퇴근하는 길에 늦게까지 여는 선술집에서 동료와 한잔하고 새벽에 귀가할 때의 기분. 그건 해본 사람만 알 것이다. 이럴 때의 퇴근 인사는 "먼저 들어가보겠습니다."가 아니라 "집에 잠시 다녀오겠습니다."가 더 맞겠다.

회사가 원하는 퇴근 조건은 무엇일까? 퇴근은 항상 기분 좋기만 할까? 집에까지 일을 가지고 와서 하는 경우도 많은데, 이건 퇴근일까 아니면 야근일까? 적어도 일주일에 한 번은 칼퇴근을 해야 하지 않을까 생각한다. 물론 주 5일 근무를 가정할 때다. 아주 바쁜 시기가 아니라면 매일 야근이 업무의 효율을 높일 리 만무하기 때문이다.

오래 일할 수 있는 길은 잘 쉬는 것이다. 퇴근의 정의처럼 분주함에서 후퇴해서 차분한 시간을 갖는 것이 중요하다. 요즘처럼 고도로 스트레스를 받는 시대에 구글에서는 사내 요가나 명상을 권하며 쉴 수 있는 프로그램을 도입한다고 한다. 한때 리더십 프로그램에도 명상 프로그램을 도입하는 것이 유행한 적도 있다. 왜일까? 사람은 자기가 계속 보던 것만 보면 그 범주에서 사고가 맴돌기 때문에 더 좋은 생각을 하기 어렵다. 그래서 바쁜 중에도 쉼표를 찍을 수 있는 것이 굉장히 중요하다.

최근 대기업에서는 퇴근시간 이후 사옥 지하에서 춤 교습을 하는 경우도 있다. 결국 회사가 원하는 퇴근 조건은 그날 하루의 일을 마감하는 것도 중요하지만 실은 더 나은 내일을 위한 적절한 마침표를 잘 찍는 것이다.

한 기업의 혁신 학교에서는 답을 내놓을 때까지 밤을 새우고 집에 보내지 않기도 한다. 새로운 서비스를 하나 개발하기 전까지는 교육이 끝나지 않기도 한다. 이렇게 집중해서 일을 해야 할 때가 있다. 반드시 그 시간을 아주 고도의 집중력을 발휘해서 넘겨야 할 때 말이다. 그러나 회사생활은 하루하루가 쌓여서 일주일이 되고, 일주일이 모여서 한 달, 한 분기, 일 년이 된다. 즉 단숨에 무언가를 다 해치울 수 없는 게 일이다. 회사는 마라톤처럼 상당히 오랜 시간을 계속 달려야 하는 곳이다. 마치 우리 인생처럼.

회사원들은 삶의 대부분 시간을 회사에서 일과 함께 보낸다. 그래서 장기적인 호흡이 필요하다. 하루의 쉼표를 잘 찍을 수 있는 근육을 개발해야 건강하게 오랫동안 일할 수 있다.

직장생활 초년 시절에 정말 멋있어 보이던 한 여성 리더가 있었는데, 일중독으로 몸이 너무 아파서 병원에 입원을 한 적이 있다. 그래서 동료들이 병문안을 갔는데 병상에서도 업무를 보는 모습을 보고 진짜 일중독이 무엇인지를 알게 됐다고 한다. 일을 멈출 수가 없는 상태인 것이다. 삶이 피폐해질 정도로 일에 중독되어 있다면 이것은 장기적으로는 개인과 회사 모두에 실패를 안겨주게 된다.

연수원에서 일할 때 6개월 정도 연수원 숙소에 머문 적이 있다. 나는 그때 임신 중이어서 다행히 일과 후에는 혼자 쉴 수 있는 시간이 허락되었다. 그렇지만 연수원 숙소에서 생활하는 동료들은 대개 개인의 삶과 일이 분리되지 않고 가정도 등한시하게 되어 삶의 질이 떨어지는 경험을 하는 것을 지켜본 적이 있다.

몰입은 상당히 많은 시간을 업무나 학업에 투자하게 만드는 현상이다. 분명 중독과는 다르다. 중독의 결과는 피폐해지지만, 몰입의 결과는 즐겁고 건강한 에너지를 주변에 흘려보내고 그 과정 자체가 보상이다. 그래서 건강하게 계속 일을 할 수 있게 해준다.

매일 퇴근의 4단계에 해당하는 야근에 통달해 있는 당신에게 오늘은 칼퇴근을 권하고 싶다. 분주함에서 철수해 조금은 다른 즐거움을 누려보는 건 어떨까. 그래야 다음에도 자정까지 일하는 희열을 느낄 수 있을 테니 말이다.

같이 밥 먹고
싶은 사람을
만든다

하나님이여, 주는 하늘 위에 높이 들리시며

주의 영광은 온 세계 위에 높아지기를 원하나이다.

(시편 57:5)

· · ·

　회사에서 점심시간은 그냥 밥 먹는 것 이상을 의미한다. 9시부터 6시까지 꼬박 회사에서 일하는 시간 중에서 개인에게 주어진 공식적인 자유 시간이기 때문이다. 이 시간에는 혼자 잘 수도 있고 음악을 들을 수도 있고 옥상에 올라가서 햇볕을 쬘 수도 있다. 아니면 나만 아는 가로수 길 카페를 개척해서 책을 읽으며 혼자만의 시간을 음미할 수도 있다.

　이 시간만큼은 내 시간이니까 내 맘대로 써도 되는 것이다. 은행이나 우체국 볼일도 볼 수 있고, 오랜만에 회사 근처로 찾아온 친구를 만날 수도 있다. 여사원들은 시간을 쪼개서 세일하는 근처 백화점에 구두나 핸드백을 보러 갈 수도 있다. 거기서 겸사겸사 화장품 샘플 테스트도 해보고 말이다.

뉴욕 샐러리맨들은 우리 같은 점심의 의미가 아니라 샌드위치나 햄버거 같은 걸로 간단히 때운다는 기사를 본 적이 있다. 이들에게 점심시간은 그저 일의 연속이기 때문에 빨리 밥을 먹고 일을 계속해야 하는 시간일 것이다. 또 이탈리아에서는 '시에스타'라고 부르는 낮잠 시간을 주기도 한다. 정오부터 오후 2시까지 우리의 신체는 일에 집중하기 어렵고, 또 더운 날씨에는 너무 비효율적이기 때문에 식사 후 어느 정도 낮잠을 잘 수 있도록 배려한다는 것이다. 정말 꿈같은 배려다.

중국에서는 점심을 '点' 자를 써서 하루의 한가운데에 점을 찍는 행위로 생각한다고 한다. 아침 시간을 끝내고 오후를 연다는 의미로 말이다. 그래서 밥을 많이 먹기보다는 이 시간을 성찰의 시간으로 보내기도 한다는데, 실제로 중국 비즈니스맨들은 점심시간에 상당히 많은 양의 음식을 먹고 술도 많이 마신다. 오전을 잘 끝낸 것을 축하하고 오후도 잘해보자는 의미일까?

한국 사회에서 점심시간은 사실 또 다른 단체생활의 한 단면이다. 개인적인 시간을 가질 수 있는 경우는 아마 일주일에 하루도 안 될 것이다. 특별한 일이 있는 경우가 아니면 점심도 역시 팀원들이나 업무와 관련된 사람들과 함께하는 것이 일반적이다. 즉 업무의 연속이 되는 경우가 많다.

우리나라에서는 같이 밥 먹는 것을 굉장히 중요하게 생각

한다. 한솥밥이라는 문화가 우리의 삶 속에 깊이 들어와 있기 때문이다. 그래야 팀워크도 더욱 단단해진다는 믿음도 있다. 실제로 점심이 조직문화에 상당 부분 반영되고 있다고 해도 과언이 아니다. 같이 '먹는 행위'는 많은 의미를 갖는다. 일본어로 '잘 먹겠습니다.'라는 말은 'いただきます(이타다키마스)'인데 이 말 속에는 '이 음식을 내가 먹기 위해 많은 생명이 희생되었다는 것을 감사하게 생각하고 나의 생명을 위하여 이 음식에 깃들인 생명을 잘 받겠습니다.'라는 매우 숭고한 의미가 들어 있다고 한다. 마치 하나의 기도문과도 같은 말이다.

회사 동료들과 함께 밥을 먹는 시간이 실제 가족과 먹는 시간보다 훨씬 많은 것을 생각해보면 매일 이런 의식(Ritual)을 함께하는 것은 공동체나 조직을 강화하는 데 도움이 된다고 생각한다.

점심 문화는 팀워크나 리더십을 가늠하는 또 하나의 사인이 되기도 한다. 팀원들이 각자 따로따로 먹는지, 웬만하면 같이 식사하면서 함께 움직이는지, 또 리더와 구성원이 함께하는지, 아니면 리더는 늘 자신의 상사나 다른 사람과 약속이 있는지 등. 어떤 리더는 메뉴를 항상 자기가 고른다. 자신의 입맛이 곧 팀의 입맛이다. 아랫사람들은 리더의 입맛에 잘 맞는 식당을 고르는 것이 능력이 되기도 한다. 상사의 입맛이 바로 내 입맛. 참된 충성파라고 할 수 있겠다.

한번은 모시던 임원이 닭 요리를 워낙 좋아하셨는데 한 달 동안 구내식당에서 내내 닭요리만 나온 적이 있다. 그렇게 닭으로 다양하게 요리를 할 수 있다니 놀라울 정도였다. 닭찜, 닭튀김, 닭백숙, 닭볶음탕, 해파리 닭냉채 등등. 그런데 어느 날 그 임원분이 말씀하셨다.

"여기 주방장은 닭을 되게 좋아하나봐? 나 오고 나서 계속 닭을 자주 먹는 거 같은데⋯."

마침 곁에 있던 내가 냉큼 대답을 올려드렸다.

"상무님 여기 오신 뒤로 닭 좋아하신다고 매일 닭을 내고 있습니다."

"어, 그래? 그럴 것까진 없는데."

"예, 저도 그렇다고는 생각하지만⋯. 직접 말씀하시죠! 하하하."

이에 반발하여 따로 식사를 하는 구성원들도 있다. 점심시간만큼은 자유를 만끽하고 싶은 것이다. 또 식사 메뉴도 세대 차이가 난다. 시니어급 세대는 얼큰한 찌개나 백반을 좋아하고, 전날 술을 마셨다면 속을 풀기 위해 해장국을 찾는다. 주니어급 젊은 세대는 퓨전 중식이나 베트남 음식, 피자나 파스타 등 깔끔하고 모던한 음식점 분위기를 선호한다.

도시락을 싸오는 알뜰파 여직원들도 있다. 휴게실에 모여서 각자 싸온 도시락을 함께 먹으며 팀워크가 생기기도 한다. 최소한 두세 팀에서 근무하는 여직원들이 모이기에 여기서 주고받는 정보도 금쪽같다. 민심이 천심인데, 회사 구성원들의 마음은 사실 여기서 거의 다 알 수 있다. 과연 여기에 초대받을 수 있는 리더가 몇 명이나 될까. 이런저런 회사 이야기, 소위 카더라 통신과 지라시 소식들은 사실이 아니라 정말 소문뿐인 것들도 많지만 여기서 중요한 것은 구성원들의 마음이 현재 어떤 것에 주로 초점이 있느냐를 알 수 있기에 의미가 있고 소중하다.

중견 리더, 특히 팀장 이상 임원들에게 점심시간은 중요한 비즈니스의 플랫폼이 된다. 요즘은 헤드헌팅 회사에서도 인터뷰를 조찬 미팅이나 브런치 시간 혹은 점심시간을 활용한다. 그리고 비즈니스 코치들도 임원들에 대한 개인 코칭을 점심시간에 하기도 한다. 그 이유는 중역들의 경우 조찬 미팅이 워낙 많기 때문이다.

업무 파트너들과 나누는 점심시간은 의사결정을 위해 만나야 하는 사람들에게 관계의 진전을 의미하는 경우가 많다. 같이 일을 해나가기 위해 점심시간을 활용해서 핵심적인 안건을 논의하면 좋은 이유는 좀 더 편안하고 열린 마음으로 이야기를 나눌 수 있기 때문이다. 물론 전혀 반대로 체할 지경이 되는 런치 미팅이 있기도 하다. 밥은 같이 먹자고 하고서 계속 업무에 대해서 따지거나 깨지고 있다면 모욕적인 순간이 될 수도 있다. 이런 경우는 이 프로젝트로 당신과는 안녕(Bye)을 선언해야 할 것 같다는 표현을 상당히 고차원적으로 하는 경우다.

미국의 리더십 기관에서 진행하는 임원들의 리더십 프로그램에는 '외로운 시간을 견디는 법'이라는 주제가 있다고 한다. 그 방법론 중에는 '혼자서 밥 먹기'도 있다. 왠지 블랙코미디 같은 이야기지만 사실 리더가 얼마나 외로운 자리인지 실감하는 대목이다. 주변에 그렇게 사람이 많지만 막상 같이 밥 먹으려면 다들 어디 갔는지 휑한 사무실을 보게 될 때 임원들의 마음은 외로울 수 있을 것이다.

어떤 초임 임원분과 인터뷰를 한 적이 있다.

"퇴근은 보통 항상 늦으시나요?"

"주로 많이 늦는 편이죠. 실은 집에 가도 내 자리가 없거든. (웃음) 안방은 아내 차지, 거실은 애들 공부한다고 TV도 크게 못 트니까 회사에 있는 게 편하죠."

리더들의 입장에서는 한참 아래 후배들이 식사 한번 사주시라고 요청하는 것도 기분 좋은 일일 것이다. "오, 내가 이래 봬도 이렇게 젊은 친구들에게 인기가 있다고!"라며 은근히 어깨가 으쓱해질 수도 있고 사내 인기관리에 자신감을 회복할 수도 있을 테니 말이다.

　같이 밥을 먹고 싶은 사람이 있다는 것은 참 좋은 일이다. 내가 무슨 일이 있어서 밥을 못 먹으면 같이 일하는 후배들은 들어오는 길에 항상 컵라면과 김밥 같은 것을 사다주곤 했다. 혹은 교육장에 있는 간식이라도 꼭 챙겨주곤 했다. 옆 사람이 밥을 먹든지 굶든지 상관하지 않고 살면 너무 삭막하지 않을까?

　서로 관계가 불편한 팀은 구성원들이 밥을 같이 먹기가 힘들다. 앉아서 일하기도 힘든데 어찌 밥을 같이 먹겠는가. 어떤 리더들은 일부러 구성원들과 관계를 좀 멀게 설정하기도 한다. 일과 관련된 것 외에 개인적인 면은 거리를 두는 것이 조직 관리에 더 도움이 된다고 생각하기 때문이다.

　언젠가 팀워크 활성화 프로그램을 운영한 적이 있는데, 같이 오늘 점심은 뭘 먹을까로 시작해서 식사를 하고, 누군가의 생일을 챙겨주기도 하고, 좋은 일이 있는 사람이 한턱 쏘기도 한다. 프리랜서들은 조직생활의 이런 면들을 부러워하기도 한다. 살맛나는 밥상머리, 지나고 나면 그리운 시간들이다.

3

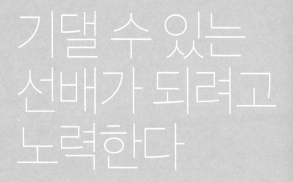

기댈 수 있는
선배가 되려고
노력한다

사환들아 범사에 두려워함으로 주인들에게 순종하되 선하고 관용하는

자들에게만 아니라 또한 까다로운 자들에게도 그리하라.

(벧전 2:18)

· · · ·

　회사에서 후배들은 선배나 상사에게 리더십을 요구한다. 그리고 무엇보다 제대로 일을 하고 싶어 한다. 배운 대로 되지 않는 환경에 부딪혀 좌절하기 일쑤지만 일을 제대로 배우며 성장하고 싶어 한다. 아무리 훌륭한 시스템을 갖추고 있어도 그것이 제대로 작동하려면 사람의 역량과 문화가 성숙해야 한다. 결국 조직의 수준은 리더십의 수준이고, 조직력은 그 조직의 학습 수준의 합이다.

　내가 처음 조직생활을 시작했을 때에는 분명히 선배가 있었다. 신입사원인 나를 계속 바라보고 지켜봐주는 선배 말이다. 선배라는 존재에게 나는 어찌 보면 부담이었다. 군대 갔다 오고, 운전 잘하고, 술·담배도 따라서 잘할 수 있는 남자 후배 하나 받앉으면 그 팍팍한 조직생활에서 큰 손 덜 수 있었겠지만 사실 나는 그저 부푼 꿈을 안고 갓 대학을 졸업한, 아무 생각 없는 여자 신입이었을 터다.

돌이켜보면 나는 정말이지 문서 작성을 할 줄 몰랐다. 학부에서 문학을 전공한 것이 핑계라면 핑계다. 학교 다닐 때는 교수님이 제시하는 한 문장 정도로 제시되는 질문에 대해 길게 쓰는 훈련을 했던 것과는 반대로 회사에서는 한 주제에 대해 5W1H(육하원칙)로 아주 간략하게 정리한 문서를 바탕으로 일을 해야 했다.

내가 한 번 작성한 업무연락 문서에 선배들은 빨간색 펜으로 몇 번을 고쳐주곤 했다. 분명히 내 눈에는 보이지 않던 오타가 선배 앞에만 가면 어디에 있다가 나타났는지 또렷하게 드러나곤 했다. 지금 고치지 않으면 나중에 일할 때도 습관이 된다면서 구체적으로 하나하나 알려주었다. 내가 계속 틀려도 선배는 포기하지 않았다.

나는 HRD(Human Resource Development, 인적자원개발), 교육 부서에서 처음 일을 시작했다. 선배로부터 HRD라는 업이 한 기업에 어떤 역할을 하는지에 대해서 엄격하게 배웠다. 보고서를 잘 써서 내가 상사들에게 잘 보일 수 있는가에 대한 것보다는 HRD라는 업의 개념에 대해 배웠고, 그 일을 잘해나가기 위해서 업무연락 한 장을 왜 잘 써야 하는지도 누누이 배웠다.

사수인 선배도 그렇지만 우리 과 김 과장님은 우리가 기안한 내용을 들고 이사님을 설득시키느라 연일 싸워주는 용사 중의 용사였다. 일단 김 과장님을 넘으면 일이 된다고 보면 되었다. 하루는 선배들이 시키는 일이 많아서 이것저것 하느라 분주할 때에 갑자기 큰 욕설이 들리기에 고개를 들어보니 천장 위로 보고서들이 한 장 한 장 날아다니고 있었다.

김 과장님이 하도 불도저처럼 들이대자 화가 난 이사님이 보고서를 던지셨는데 결재 파일 사이에 끼어 있던 문서들이 낱장으로 흩날리는 것이었다. 이제 우리 과는 이사님께 완전히 찍혔다는 생각에 고개를 푹 숙이고 있었지만 점심시간이 되자 이사님은 언제 그렇게 소리 지르며 싸웠냐는 듯이 김 과장님을 불러서 식사를 하러 나가셨다. 그것도 참 잊히지 않는 명장면 중 하나다. 조직생활이란 게 이런 거구나 싶었다.

시간이 많이 지나 어느덧 내가 선배라는 위치에 있을 때, 어느 날 한 후배가 나를 찾아와서 펑펑 울었다. 왜 우는지 물었더니, 왜 회사와 선배들은 본인의 비전과 성장에 대해 고민을 안 하는지 너무 화가 나고 억울하다고 말했다.

회사에 입사한 지 6년 동안 자기는 배운 게 없다고 했다. 살아남기 위해서 이리 뛰고 저리 뛰며 선배들 어깨너머로 일을 배웠

단다. 또 저녁 회식자리나 술자리마다 쫓아다니며 정보를 듣고 사람들과 관계를 익혔는데 기댈 선배가 없다는 것이다. 자신은 힘들고, 앞으로 어떻게 조직생활을 해야 하는지 누군가 가르쳐 주었으면 좋겠는데, 왜 우리 회사에는 선배가 없는가!

솔직히 나는 열정적으로 투덜대며 울고 있는 후배가 안타깝기도 하고 이해도 되었지만 한편으로는 웃기기도 해서 이렇게 말해주었다.

"왜 선배나 회사가 너의 비전과 성장에 대해 고민해야 한다고 생각하지?"

최근 몇 년간 작금의 조직문화 추세는 수직적인 위계질서나 연공서열보다 개개인의 전문성을 중요하게 생각한다. 또 팀제를 하면서 선배든 후배든 모두 동등한 위치에서 일을 하는 문화다. 창의적이고 유연한 사고와 조직문화가 변화의 트렌드에 적합하기 때문에 군대문화를 그동안 배척해온 것도 사실이다. 그렇다 보니 선배들의 위치는 많이 위축되었다. 이제는 후배가 하던 자잘한 일을 모두 스스로 하고 있다. 대신 후배들은 선배들을 돕던 시간을 자기계발을 하거나 스스로 주인의식을 가지고 일할 수 있게 되었다.

하지만 바로 이런 이유 때문에 조직문화 내에서 학습적인 공백이 생기게 되었다. 조직문화에서 꼭 필요한 학습과정이 선배와 후배, 즉 사수와 부사수 같은 관계를 맺는 훈련이다. 신입사원 훈련, OJT(직장 내 교육훈련), 멘토링 같은 제도가 있지만, 실제로 한 사람이 옆에 끼고 지속적으로 가르쳐주는 선배의 자리가 없어진 것이다.

아마 내가 신입사원 시절 3년 동안 선배들에게 혼나면서 배운 것들을 지금 신입사원들에게 그대로 반복하여 가르친다면 나는 사내 윤리경영팀에 고발을 당할지도 모른다고 생각한 적도 있다. 그리고 후배를 가르치는 일은 내 업적과 단기적으로는 상관이 없는 것이다. 어느 정도 개입하고 간섭할 수 있는지가 모호하기 때문에 직접 함께하는 일과 관련된 사항이 아니면 모르는게 약일 때도 많다.

시대는 확연하게 다음 단계의 사고와 학습의 수준을 요구한다. 그것은 이전까지 통하던 방법이 안 통하는 것을 의미한다. 환경은 계속 변한다. 이것만 한 진리도 발견하기 드문 것 같다. 한국은 중국이 자체적으로 만든 휴대폰에 홀로그램 기술까지 장착하고 삼십만 원대로 출시하는 데다 아이폰에는 익숙지 않던 중국인들이 애플에 열광하는 시대를 맞이하고 있다. 이미 중국 전체 시장에서 삼성전자는 1위를 내주고 있다.

롱테일(Long tail) 전략은 잘나가는 20퍼세트가 매출액의 80퍼센트를 이끌어간다는 파레토의 법칙과 반대되는 개념이다. 즉

1년에 몇 권밖에 팔리지 않는 비인기 도서 80퍼센트의 매출액 합계가 상위 20퍼센트 인기 도서 매출을 능가한 데서 나온 전략이다. 세상은 이렇게 변하고 있다. 우리는 어떻게 일해야 하는지부터 다시 생각해야 하는 상황에서 일하고 있다.

한국 기업의 평균수명은 30년이라고 한다. 많은 기업이 다음 단계로 뛰어넘기 위해 도전과 혁신을 말한다. 이전과 다르게 일하는 법은 무엇일까?

최근 다시 프로야구 감독으로 복귀한 김성근 감독에게 와이번스 1승을 목표로 워크숍을 하던 시절 이런 질문을 한 적이 있다.

"창의적 플레이란 무엇인가요?"

"창의적 플레이는 연습 때와 같이 실전에서도 벤치의 사인을 선수들이 완벽하게 재현해내는 것, 그 다음부터 터져나오는 것입니다."

즉, 무한 반복되는 연습만이 창의적인 플레이를 가능하게 한다는 뜻이었다.

기댈 수 있는 선배가 되어준다는 것은 신인 선수의 연습을 도와주는 일과도 같다. 혈기 넘치고 꿈 많은 자신의 재능을 발휘해 창의적으로 일해보겠다는 후배에게 무한 반복되는 일상에서 지속적으로 지금 하고 있는 업의 본질에 대해, 문서 작성에 대해, 보고하는 법에 대해, 조직의 생태에 대해, 문서 관리하는 법에 대해, 지각하지 않는 법에 대해, 자신의 의견을 상사들에게 피력하는 방법에 대해 계속 조언하고 도와주는 선배가 되는 것은 진정성으로 시작했지만 장차 본인의 장래나 조직의 미래에 영향력을 행사할 수 있는 최적의 길이다.

들어서 얻은
지식을 무시
하지 않는다

너희 중에 누구든지 지혜가 부족하거든 모든 사람에게 후히 주시고 꾸짖지

아니하시는 하나님께 구하라. 그리하면 주시리라.

(약 1:5)

···

　연말은 어느 조직이나 조직개편, 이동, 평가 등으로 뒤숭숭한 때다. 나는 오랫동안 리더십을 공부하고 프로그램에 적용해왔지만 지금 내가 일하는 조직에서는 그동안 배운 리더십이나 변화관리에 대한 이론적 지식들이 그저 거추장스러운 겉옷일 뿐이다.

　우리 회사의 조직문화는 그야말로 야전(野戰)형 조직이다. 이동하면서 싸워야 한다. 옛 몽골 영토의 대부분을 차지하는 대제국을 건설한 티무르는 지금의 우즈베키스탄 지역을 정복한 후 거대하고 아름다운 궁전들을 지었다. 그러나 정작 자신은 천막 같은 곳을 따로 세워두고 그곳에 머무는 것을 즐겼다고 한다. 그가 가장 두려워한 것은 유목민이 아닌 농경민, 즉 정착민처럼 되는 것이었고, 그러한 문화를 제안하는 신하들은 가차 없이 죽였다고 한다. 거친 초원을 가로지르며 말 위에서 자고 먹었던 전쟁의 습관이야말로 전쟁에서 승리하는 방식이자 동시에 살아남는 유일한 길이었음을 보여주는 역사적 사례다.

야전 조직에서는 멋진 보고서나 화려한 전문지식으로 무장해서는 싸움에서 이기기가 어렵다. 골리앗과 싸우러 나가는 다윗에게 사울 왕은 자신이 쓰던 갑옷과 투구, 그리고 칼을 주었다. 그것은 양을 치며 광야에서 먹고 자던 소년 다윗에게는 큰 영예였겠지만, 다윗은 그것을 거부하고 자신이 양을 지킬 때 쓰던 물매와 물맷돌 다섯 개만을 가지고 싸우러 달려갔다.

계속 빠르게 변화하는 전쟁터에서는 내가 전쟁 상황에서 연마한 암묵적 노하우야말로 싸움의 한 수다. 많은 어린 구성원은 처음 본 것을 엄마로 믿고 무작정 따라가는 새끼 오리처럼 처음 만난 선배가 가르쳐준 구전 지식으로 일한다. 이것은 나에게는 놀라운 일이었다. 아직도 구전으로 배우다니! 그리고 구성원들이 구전으로 배우는 이유가 있을 것이라고 생각했다.

"회사에서 받는 집합교육이나 책에는 우리가 일할 때 정말 필요한 내용이 없기 때문이죠!"

"회사에다 내 노하우를 다 뽑아줄 필요가 있습니까? 남 좋은 일 아닌가요?"

"믿을 수 있는 선배가 가르쳐준 것이 정말 유용합니다. 그 선배가 치열하게 부딪히며 현장에서 겪어낸 것이기 때문에 그것이 진짜예요."

구성원들이 배우는 구전 지식에는 어떤 것이 있을까? 우선 빠르게 변하는 상황에서 선배들에게 의사결정법, 일의 방향을 잡는 법 등을 배울 수 있다. 요즘처럼 경쟁 환경이 치열하고 경영 환경이 급변해서 경험해보지 못한 일들이 계속 벌어질 때는 어떻게 해야 할지 막막하고 당황스러운 순간이 잦다. 그런 때에도 노련한 선배는 직관적으로 키를 바로잡고 의견을 제시한다. 한바탕 일이 급하게 돌아가고 이리저리 전화하고 문서 고치고 나서 한숨 돌리고 나면 '와! 아까 선배는 어떻게 알았지? 순간적으로 어떻게 그렇게 감을 잡았을까?' 싶은 생각이 들면서 비로소 구닥다리 같아 보이던 선배가 커 보인다.

그날 저녁 회식자리에서는 바로 선배의 실전 업무 강습이 이어진다. 신나기 이를 데 없다. 또 다른 구전 지식은 이 회사에 오래 다닌 사람들만 알 수 있는 회사의 역사다. 이 팀이 어떻게 만들어졌고, 그전에는 누가 임원이었고, 또 그전에 이 팀이 없던 시절에 일하던 사람들은 누구누구였고 등등.

일을 받아오긴 했는데 도대체 어떻게 시작해야 할지 알 수가 없어서 헤매고 있을 때 보고서의 방향과 핵심 포인트를 명쾌하게 잡아주는 선배가 있다.

"박 상무님이 그렇게 말씀하신 배경에는 이러이러한 일들이 있으니까 그 맥을 잡고 한번 써봐. 그리고 박 상무님께는 결론부터 말씀드려야 한다. 파워포인트 박스들 줄 안 맞거나 오타 있으면 아무리 보고서 잘 쓰고 아이디어 좋아도 말짱 도루묵이니 주의하고!"

"이번 판촉은 그냥 스쳐 지나가는 고객을 단골고객으로 등록시키는 게 핵심이니까 매장 안으로 손님들 들어오게 하는 것에만 신경 쓰지 말고 판촉물 드린 후 꼭 연락처 받아놓고 잘 설명해드려야 한다. 알았지?"

그렇다. 이런 얘기들은 책이나 매뉴얼에는 나오지 않는다. 오직 구전으로 배우는 것이다. 구전 지식을 공유하는 데 중요한 점은 '관계'다.

구성원들로 하여금 어떻게 자신의 땀방울이 배고 손때가 묻은 업무 노하우를 회사에 내놓게 할 수 있을까? 이것은 시스템이 있다고 되는 일이 아니다. 물론 최근 대기업들은 용량이 어마어마한 슈퍼컴퓨터에 클라우드 시스템을 만들고 거기에 구성원의 개인 문서이든 업무 문서이든 자동 업로드를 하는 시스템을 만들고 있다.

정보의 용량이 점점 많아지다 보니 개인적으로 PC에 저장할 수 있는 정보의 양 자체에 한계가 있으므로, 구성원들은 정보를 빠르게 업데이트하면서 보안상 폐기해야 하거나 자유롭게 이동하는 데 지장이 있는 문서를 가려내야 한다.

그러나 구성원들의 모든 문서를 클라우드 시스템에 등록한다 하더라도 그것은 그냥 시스템이다. 시스템을 유기적으로 움직이려면 결국 구성원들과 마음이 서로 통해야 한다. 그렇지 않다면 클라우드 시스템에 올라간 그 모든 거대한 정보는 그야말로 거대한 쓰레기가 되고 말 테니까.

구성원과 리더의 관계는 신뢰가 그 바탕이 되어야 한다. 그렇지 않다면 거래 관계에서 머물게 될 뿐이다. 거래적 리더십(Transactional leadership)은 대부분 리더의 포지션 파워에서 발휘된다. 즉 리더가 조직으로부터 부여받은 직책에서 사용할 수 있는 다양한 권한으로 구성원에게 파워를 행사하는 것이다. 좀 더쉽게 말한다면 구성원이 일을 해주는 대가로 리더가 그만큼의 정보를 준다고 치자. 구성원은 일을 해주는 만큼 리더로부터 회사와 관련된 어떤 정보를 얻어낼 수 있게 된다.

그러나 이론적으로는 리더가 이러한 포지션이 해제되는 순간 그 관계는 지속되지 않는다. 그러므로 서로 자신을 위해 상대방을 이용한 것이 된다. 이렇게 쓰고 보니 상당히 씁쓸한 기분이 들지만 이러한 관계의 수준은 실제 조직에서 가장 많이 형성된다. 오죽하면 팀장과 구성원의 관계는 '일 년짜리'라는 말이 있겠는가!

자신의 피와 살이 담긴 노하우를 회사, 상사, 구성원과 공유하는 것. 결국은 그러한 구성원들의 암묵적 노하우가 얼마나 회사 내에서 공유될 수 있는가가 그 회사의 문화이자 신뢰 수준인 것이다. 매뉴얼에도 없는 노하우, 문서로 정리하거나 형식지로 전환되기 어려운 업무 관련 지식과 스킬이 기꺼이 팀 내와 조직 상호 간에 공유되어야 한다.

또 한 가지 구전 지식의 중요한 힘은 현장성에 있다. 운이 좋게도 한 본부의 조직 단위 컨설팅을 한 적이 있다. 시작하기에 앞서 여러 가지 조직 내부의 이슈로 인해 구성원이 많이 바뀌었고, 지금 구성원들은 심리적으로 위축되어 있으며 변화에 대해 자기 방어적이라고 사전 설명을 들었다.

우선 나는 예전에 내용타당도가 높은 맥킨지컨설팅의 효과적인 조직의 5 Factors 모델을 중심으로 만들었던 조직진단 Tool을 전 구성원에게 진단하자고 제안했다. 그리고 진단 후에는 각 요소와 하위 평가영역별로 모든 단위의 조직과 리더의 평가를 완료했다.

컨설턴트는 아니지만 워낙 많은 컨설팅을 받아본 데다가 훌륭한 보고서도 많이 본 경험자로서 정말 보고서를 성실하게 잘

썼다. 두툼한 보고서를 들고는 한껏 뿌듯한 마음으로 해당 임원에게 보고를 하러 갔다. 나는 물론이고 함께 이 일에 참여한 동료들에게 그 임원이 고마워할 것이라고, 아니 고마워해야 된다고 내심 기대하고 있었다.

그런데 나의 기대는 보고서의 서두를 풀어보기도 전에 싹둑 잘리고 말았다. 담당 임원은 아예 그 보고서를 들춰볼 생각조차 없는 것 같았다. 나에게 대뜸 물었다.

"현장에 있는 구성원들이 한 달, 아니 일주일 동안 여기 쓰여 있는 영어로 된 조직과 관련된 용어들을 얼마나 접할 거라고 생각합니까? 아마 일 년이 다 되도록, 아니 입사해서 지금까지 한 번도 이런 단어들조차 들어본 적이 없는 구성원들이 대부분일 겁니다."

결국 사울 왕의 갑옷으로 무장하고 나간 나는 그것이 얼마나 현장 구성원들에게 다다가기 어렵게 하는 장애물이며, 그런 옷을 입은 사람은 그냥 매장 앞에 서 있는 마네킹 같은 사람일 뿐이었다. 나는 아무것도 할 수 없고 나의 언어를 현장은 이해할 수 없다는 것을 그때서야 깨달았던 것이다.

회사 내에는 많은 회의가 있다. 현장에서 회의를 주관하는 구성원들은 교육부서에서 가르쳐주는 매뉴얼대로 회의하지는 않는다. 대부분 자기가 롤모델로 삼고 싶은 선배에게 배운 방법을 자신의 후배들에게 전수하고 있다. 그날그날이 생방송처럼 계속되기 때문에 보고서에는 담기 어려운, 현장에서만 일어나는 다양한 업무 경험은 물속에서 물고기가 살아 움직이듯이 실제 살아서 펄떡이는 지식이다.

"현장에서는 조회나 회의가 중요하지요. 하루의 목표를 정하고, 구성원들의 업무 현황을 체크해야 하고, 본사에서 온 정책이나 정보를 전달해줘야 하거든. 저는 제가 신입사원 때 사수였던 선배님이 하던 대로 지금도 하고 있습니다. 그 선배처럼 되고 싶다는 생각을 많이 하거든요. 회사생활이 힘들다가도 가끔 만나서 저에게 도움이 되는 영업 노하우나 고객관리방법 같은 것을 가르쳐주면 바로 제가 적용해보고 또 제 상황에 맞게 바꾸고 그렇게 일합니다."

"저는 매장의 선임인데요. 다섯 달 되었습니다. 회사가 놀랍게 확장되고 성장해가고 있기 때문에 제가 있는 매장도 점장님이 세 번 교체되었습니다. 당연히 힘든 점도 있었지만 세 명의 점장님으로부터 매장 경영 노하우를 빠르게 배울 수 있었습니다. 각각 목표 달성하는 법, 판촉, 구성원 코칭 방법을 크게 보면 한 달씩 운영하는 프로세스는 다르지 않지만 그 하루하루, 한 주 사이에 다른 점이 굉장히 많았거든요. 정말 현장에서만 배울 수 있는 경험이죠."

중간관리자나 시니어급 사원에게 중요한 것은 관계에서 오는

파워를 갖는 것이다. 저 선배하고 일하고 싶다, 저 사람이라면 신뢰하고 같이 정보를 나눌 수 있겠다, 저 사람이라면 같이 다음 이동지로 가고 싶다는 것을 평판력(Reputation power)이라고 말하기도 하는데, 관계에서 오는 영향력은 네트워크라기보다는 저 사람이 하는 말이라면 콩으로 메주를 쑨대도 믿겠다는 높은 신뢰지수를 의미한다.

타 부서로부터 진실한 협력을 이끌어내고 후배 사원이나 상사로부터 신뢰를 얻는 방법 중 하나는 자신이 가진 것을 진정성 있게 공개하고 나누는 것이다. '폐기학습(Unlearning)'이라는 말이 학습을 연구하는 사람들 사이에 회자되기 시작한 지 몇 년 되었다. 폐기 학습이라는 것은 자신이 알고 있다고 생각하는 것을 내놓는 것을 말한다. 그래야 다음 단계의 새로운 학습을 할 수 있다는 것이다.

구전으로 배우는 즐거움은 회사생활에 윤활유 같은 역할을 한다. 관계를 깊게 하고, 업무를 확장시키고, 일하는 사람을 성장시킨다. 하지만 과거의 영광만을 반복적으로 말하고, 경륜을 바탕으로 한 새로운 통찰력이 아닌 예전에 했던 방법만을 계속 고수하는 것은 성장을 멈추거나 후퇴하게 할 뿐 아니라 심한 피로감을 안겨준다. 여기서 말하는 구전이 구설수가 아님을 명확하게 짚고 싶다.

조직을 연구하는 사람들은 때로 동물을 대상으로 유용한 실험을 하는데, 조직행동 연구 실험 중 '원숭이와 바나나'라는 실험이 있다. 원숭이를 네 마리씩 두 그룹으로 나누고 실험을 한 것이다. 실험 상황은 나무 위에 바나나를 달아놓고 바나나에 손을 대면 뜨거운 물이 쏟아져 내리는 실험이었다.

첫 번째 그룹의 원숭이들 중 첫 원숭이가 나무에 올라간 후 뜨거운 물을 뒤집어쓰게 되자 그 원숭이는 나무에 올라가려는 자기 그룹의 모든 세 마리 원숭이를 나무에 못 올라가게 했다. 어찌 보면 당연해 보인다.

실험의 2단계는 두 번째 그룹의 원숭이 네 마리를 투입한 것이다. 그리고 이번에는 뜨거운 물을 제거했다. 즉 바나나를 먹어도 뜨거운 물이 쏟아지지 않기 때문에 용감하게 나무에 올라가면 되는 것이었지만 두 번째 그룹의 원숭이들도 아무도 바나나를 먹기 위해 나무에 올라가는 시도를 하지 않았다.

이것은 조직행동에서 구전 학습의 부정적 행동을 나타낸다. 오래된 고정관념이나 관습은 새로운 것에 도전하는 것을 방해한다. 보이지 않지만 구성원들의 사고가 몸에 배어 있기 때문에 새로 들어온 구성원들에게도 영향을 미치는 것이다.

존 맥스웰의 『팀워크를 혁신하는 17가지 불변의 법칙』이라는 책에는 썩은 사과의 법칙이라는 것이 있다. 상자 안에 썩은 사과가 생기면 다른 좋은 사과들까지도 썩게 되어 못 먹게 되기 때문에 썩은 사과를 얼른 제거해야 한다는 내용이다. 부정적인 행동과 생각은 빨리 제거하는 것이 좋다.

5

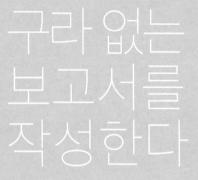

구라 없는
보고서를
작성한다

의인의 소망은 즐거움을 이루어도 악인의 소망은 끊어지느니라.

(잠언 10:28)

＊ ＊ ＊

보고를 받는 입장이 되면 늘 오른손에 빨간 펜을 들고 눈에는 커다란 돋보기안경을 쓰게 마련이다.

예전에 내가 모시던 임원 중 한 분은 늘 지우개가 달린 스테들러(Stadetler) 연필을 뾰족하게 깎아서 몇 자루씩 곁에 두고 계셨다. 우리가 보고하러 들어가면 양손에 침을 한 번씩 뱉으시고 옷소매를 팔꿈치까지 걷어붙인 다음 연필로 죽죽 긋거나 메모를 하면서 보고서를 보셨다. 하지만 보고서는 두 페이지를 넘지 못하곤 했는데, 그분은 개념을 아주 중요하게 생각하셨기 때문이다.

예를 들어 보고서에 '~을 사용하여'라는 단어가 들어가면 "'사용, 이용, 활용'의 개념이 어떻게 다르지? 여기에 이 단어를 쓴

것이 맞는가?"라고 묻곤 하셨다. 어설프게 좋은 단어를 골라서 멋을 부렸다가는 식은땀을 흘리게 되기 일쑤였다. 성의 없다고 느껴지는 보고서에 대해서는 아예 의자를 돌리고 앉으셔서 한동안 등만 보이고 계실 때도 있었다. 그냥 나가야 하는지, 아니면 돌아앉으실 때까지 계속 기다려야 하는지 알 수가 없어서 쩔쩔매고 있을 때면 갑자기 박 상무님이 들어오시곤 했다. 박 상무님 덕에 어찌어찌 상황이 마무리되어 그 보고서가 넘어가기도 했다.

보고받는 리더들에게는 '구라'라는 단어가 암묵적으로 쓰인다. 구성원들이 만들어오는 보고서가 사실은 제대로 써온 게 별로 없다는 말을 이렇게 표현하는 것이다. 일명 구라 보고서.

초보인 1단계는 그냥 봐도 말도 안 되는 이야기를 써온 경우다. 오히려 이럴 때는 실무자가 알아서 하라고 말하며 그냥 돌려보내기도 한다. 대세에 크게 지장은 없고 실무자의 역량이 미흡하다면 길게 얘기해봤자 입만 아프기 때문이다. 대면보고보다는 사내 쪽지나 메일로 서면보고를 받고 싶지만 동기부여 차원에서 시간을 내기도 한다.

2단계는 그럴듯하게 써와서 좋은 생각 같지만 실행력이 떨어지는 보고서다. 여기서는 구라에 대한 응징이 집행되어야 마땅하다. 피드백이 한바탕 쏟아진다.

3~4년 차 실무자들에게 자주 나타나는 일하는 방식은 예전 선배들이 써놓은 보고서를 Copy & Paste, 즉 베끼는 것이다. 양식이나 문구를 몇 개만 고치고 올해 수치를 반영한다. 그리고 보고서를 가지고 상사에게 간다. 상사가 이 조직에 온 지 얼마 되지 않았다면 아무 문제가 안 되고 잘 넘어갈 수도 있다. 원래부터 그 사람이 작성한 줄 알 테니 말이다. 그렇지만 그 조직의 히스토리를 알고 있는 상사일 경우는 상황이 달라진다. 왜냐하면 실무자는 처음 쓰는 보고서일 수 있지만 선배나 상사들은 최소 2년째 보고 있는 보고서일 테니 말이다. 자칫하면 그야말로 눈가리고 아웅 하는 것이 될 수 있다.

일을 빨리 하는 것은 좋은 일이다. 핵심을 간파하고 신속하고 경쾌하게 진행하는 것 말이다. 하지만 일을 쉽게 하려고 잔꾀를 부리면 안 된다. 일의 종류마다 어떻게 접근해서 처리해야 하는가를 고민해야 한다. 일처리 능력은 단시간에 늘어나는 것이 아니라 근육처럼 단련되고 키워지는 것이기 때문이다.

"일 좀 제대로 가르쳐보려고 행사 진행 체크리스트를 만들어 오라고 했더니 옆에 제 동기한테 작년에 제가 진행했던 행사 체크리스트를 받아서 몇 개만 쓱 고쳐서 가져왔더군요. 제가 그게 없어서 안 줬겠습니까? 일에 대해 진지한 접근이 없다고 느낄 때 굉장히 답답하죠. 괜히 제 동기한테 성질만 냈네요."

"선배들의 일하는 방식이 고리타분하다고 생각하는 거 같아요. 본질적인 부분에 대해 깊은 고민이 없이 시키는 대로만 하려고 하는 것 같기도 하고. 아무튼 일을 빠르게는 하거든요. 요즘 친구들 똑똑하니까요."

IT 기업의 구성원들은 전문 경력사원들이 많다. 그리고 스스로 자부심도 대단하다. 대기업 구성원들의 특징은 거대한 조직의 보호를 받는다는 데 있다. 그래서 자칫하면 온실 속의 화초처럼 되어서 그 일밖에 못하게 되기도 한다. 아쉬운 점은 질문에 대해 2번 이상 깊이 있는 고민을 하는 사람은 드물다. 일을 그냥 하는 경우도 꽤 많다.

문제 해결 방법의 대표적인 것으로 맥킨지의 '5Whys'를 꼽을 수 있다. 5번 또는 그 이상 레벨을 깊게 생각하며 탐침 질문을 통해 일을 해나가라는 것이다.

전략적인 직관이 뛰어나기로 유명한 박인식 전 SKT부사장은 늘 우리가 보고서를 가지고 가면 두 가지 질문을 하셨다. 첫째, 이제 잘할 때도 되지 않았나? 둘째, 이 보고서의 엔딩 픽처(Ending picture)가 무엇인가? 첫 번째 질문은 일에 대한 태도를 말하는 것이고, 둘째는 5Whys와 관련된 것이라고 생각한다. 이 과제가 목적을 달성했다는 것을 어떻게 알 수 있는가? 어떤 문제가 발생한 근본 원인(Root cause)은 무엇인가?

생각을 하는 것은 훈련이자 습관이다. 사고력을 키우는 것은 일을 하는 데 있어 굉장히 중요하며, 일에 대한 근성을 키워준다. '왜'와 '어떻게'를 계속 질문하는 것. 결국 좋은 질문을 만들어내는 능력이 좋은 답을 이끌어낼 수 있고, 본질적인 부분에 대해 사고를 깊게 고민하게 만든다. 매일 운동을 해서 근육을 단련하는 것과 같이 말이다.

물론 본질적인 것이 다 거룩한 것은 아니다. 회사는 일을 통해 성과를 내고 평가를 받고 경쟁하는 곳이다. 그러므로 성품 훈련을 하기 위해 이러한 노력을 해야 하는 것은 아니다. 거꾸로 이러한 노력을 계속하는 결과로 성품이 연마될 수는 있을 것이다. 어떤 문제에 대해 본질을 파다 보면 상당히 냉소적이 될 수 있다.

회사에서 만나는 후배들 중 일부가 흔한 표현으로 쿨하게 사는 모습을 많이 본다. 즉 일에 대해 낮은 차원의 경험에서 더 깊게 전진하지 않고 가벼이 지나쳐버리는 것이다. 그리고 냉소적인 비판을 한다. 예전에 해봤던 것, 또 자신이 학습하고 경험한 수준에서 일을 판단하고 정의하고 다룬다. 이것이 똑똑해 보이고 멋있어 보일 수는 있다. 그렇지만 나는 내가 알고 있다고 생각해온 것에 대해 선배들이 2단계 이상 질문을 던졌을 때 실상 내가 아는 지식의 수준과 경험이 얼마나 낮은 수준이었고, 또 그저 한 단면만을 보고 '나는 이것에 대해 안다.'고 생각해왔다는 것을 종종 깨닫는다. 그리고 다시 나에 대한 환상은 깨진다. 마치 크리스토퍼 놀란 감독의 〈인셉션〉처럼 있다고 생각했던 것이 갑자기 사라지는 경험을 하게 된다. 아, 처음부터 다시 공부를 해야 하는 것이다.

후배들은 선배들이 지시한 대로, 시키는 대로 일하는 것을 좋아한다. 그게 빠르기도 하고, 자기의 생각을 주장하고 관철시키기 위해 투쟁하는 동료들이 무참히 밟히는 것을 많이 보아왔기 때문일 수도 있겠다. 하지만 자신이 쓴 보고서가 궁극적으로 어떤 결과를 맺고 싶은지에 대한 진지한 고민 없이, 자신이 쓴 문구가 무슨 말인지도 모르는 보고서를 들고 와서 선배나 팀장에게 고쳐달라고 하고 뒤로 숨기 일쑤인 수동적인 자세는 버려야 한다. 이것은 두려움과 게으름에서 오는 반응이다.

일머리가 없다는 얘기를 종종 하는데 이것은 어떤 과제가 주어지면 도대체 뭐부터 해야 하는지를 모르는 것이다. 일의 구조와 순서를 구성하려면 생각을 해야 하는데 그저 '멍'할 뿐이다. 그러니 시키는 대로 일을 하는 수밖에 없다. 이것을 고치려면 훈련하는 수밖에 없다. 연습은 자신이 지금 있는 안전지대에서 두려움의 영역을 벗어날 수 있게 해주는 가장 좋은 길이다. 그리고 두려움의 영역을 벗어나 도전의 영역으로 나아가게 되는 것이 학습의 과정이라고 생각한다.

생각을 하는 습관을 가지고 자신의 생각을 진지하게 문서로 옮기는 훈련을 해야 한다. 좋은 보고서를 많이 읽고, 또 어떤 프레임이 생각을 도형화하는 데 효과적인지 이미지들을 찾아서 자꾸 넣어봐야 한다. 생각하는 연습, 쓰고 그려보는 훈련을 해보자.

연초에 작성해둔 보고서를 다시 꺼내보면 대부분은 조악하다. 그만큼 시간이 흘렀고 과제가 요구하는 수준이 높아짐에 따라 생각도 더 고차원적으로 하기 때문이다.

내가 작성하고 있는 문서를 통해 정말 내가 하고 싶은 말이 무엇인지, 나도 모른다면 도대체 누가 그것을 알고 그 일을 진행시킬 수가 있을까!

생각 좀 해야 할 때다.

'검토 중'에서
오래 머무르지
않는다

우리가 다 실수가 많으니 만일 말에 실수가 없는 자라면 곧 온전한 사람이라

능히 온몸도 굴레 씌우리라.

(약 3:2)

· · ·

리더는 쉽지 않다. 요즘 리더십을 잘못 발휘했다가는 퇴출당하기 십상이다. 내키는 대로 얘기했다가 폭언으로 내부 고발 대상이 되기도 한다. 술자리에서 편안하게 건넨 말이 윤리경영의 이슈가 되기도 한다.

오늘날 대부분 회사는 팀제를 실시하는데 모든 실적과 혁신 과제에 대한 링킹 핀(구성원과 맞닿은 접점의 포지션을 일컫는 말)이 팀장이기 때문에 하늘에서 커다란 우박이 뚝뚝 떨어지듯 수많은 일이 다 팀장에게 떨어진다. 그리고 웬만한 리스크 관리에서 발생할 수 있는 문제도 팀장에게 책임을 묻는 것이 일반적이다.

그래서 요즘 팀장이라는 포지션을 보면 마치 임진왜란의 충무

공 이순신을 보는 듯한 느낌을 받는다. 그만큼 경영환경의 바다는 물결이 거세고 변화가 풍랑처럼 몰아친다.

예전에는 대부분 정보를 리더가 가지고 있었다. 이것은 오늘날도 마찬가지다. 각종 회의체에 들어갈 수 있는 권한이 리더에게 부여되기 때문에 그 회의체의 격만큼 정보를 알 수 있다. 그러나 구성원에게도 많은 정보가 오픈되고 있고, 사내외 네트워크를 다양하게 가지고 있는 구성원의 경우는 자기 팀장이나 선임보다 정보력이 강하기도 하다. 또 요즘 구성원들은 상당히 전문적이다. 워낙 빠르게 학습하기 때문이기도 하겠지만 예전처럼 리더가 가장 많이 알고 있는 시대는 지나갔다.

리더는 담당하는 조직의 성과를 탁월하게 달성해줄 구성원들이 자신들이 가진 지식과 경험을 마음껏 쏟아낼 수 있도록 도와주는 것이 중요하다. 물론 이것은 팀의 상황과 구성원의 역량 수준에 따라 달라질 수 있다.

그렇다. 오늘날의 리더들은 앞이 뚜렷하게 보이지 않는 환경에서 바다를 건너가야 하는 무거운 짐을 지고 있다. 무엇이든 언제든 변동이 가능하기 때문에 리더십을 발휘하기가 어렵다. 바다를 건너갈 때 어디에 돌을 놓아야 하는지 결정을 해가며 바다를 건너야 한다. 그때그때의 의사결정이 옳은지 100퍼센트 확신할 수 없는 상황에서 말이다.

그렇다면 도대체 리더가 되어서 좋은 건 뭘까? 마음대로 할 수 있는 것도 별로 없고, 구성원들은 다 나보다 똑똑하다고 하고…. 사실 어떤 상황에서도 변하지 않는 고유한 리더십이 있다면 그것은 의사결정과 방향 제시라고 생각한다. 결국 많은 논의가 있겠고 누군가 탁월함을 발휘해서 일을 이끌어갈 수는 있겠지만 매 순간 의사결정을 내려야 하는 사람은 리더다. 그러나 명쾌한 방향 제시와 의사결정의 예리함을 느껴본 적이 언제인지 모르겠다. 요즘처럼 리더들이 의사결정하기 어려운 때도 드문 것 같다.

그래서 기업에서는 협의체를 많이 운영한다. 중간관리자는 일주일에 평균 몇 개 정도의 회의에 참석하게 될까? 최소 3~4개, 많으면 6~7개의 정기 회의체에 들어가게 된다. 회의에서는 의사결정보다는 현안에 대해 공유하거나 안건에 대해 논의한다. 혹은 회사의 정책에 대해 전달받는다.

보통 구성원 한 명은 3~4단계의 의사결정 과정을 거친다. 그리고 주요한 이해관계자들과 협의하게 된다. 리더들의 독단적인 의사결정을 막기 위한 장치이기도 하고, 워낙 복잡한 사안들이 다양한 부서와 얽혀 있기 때문이기도 하겠지만, 요즘 리더들은 의사결정을 잘 하지 않는다. 아니 쉽게 의사결정을 할 수 없다고 말하는 것이 더 옳은 것 같다.

의사결정을 하지 않는다면 리더는 무엇을 할까? 주로 '검토'를 한다. 어떤 사안이든 바로바로 진행되지 않는 것들은 대부분 '검토 중'이라고 보면 된다. 이렇게 검토하느라 막혀서 다음 단계로 갈 수 없는 일들이 남아 있는 곳은 책상 서랍이나 PC의 저장소다.

검토 중인 보고서는 의외로 굉장히 많다. 새로운 사업에 대해 제안서를 제출해도 보고가 최고 단계까지 갈 수 없는 경우가 꽤 많다고 한다. 국내 굴지의 모 회사의 임원은 경영진인데도 최고경영자를 만나서 직접 보고할 수 없기 때문에 최고경영자가 출근하는 시간을 기다렸다가 엘리베이터 앞에서 보고하는 경우도 있다고 한다. 왜냐하면 중간에서 거르는 임원이 워낙 많기 때문이라는 것이다.

그렇다면 그 임원들은 왜 보고서를 중간에 거를까? 최고경영자는 다뤄야 하는 현안이 너무 많기 때문에 작은 사업 단위의 이슈까지 다루기 어려울 수 있어서 조정하다 보니 그럴 수 있을 것이다.

또 많은 조직 간에는 의견차와 장벽이 존재한다. 새로운 사업을 발굴하기 위한 수많은 기획서에 대한 검토는 실제 시장에서 고객을 만나기보다는 보고서 안에 존재한다. 컨설턴트의 생각을 자사화한 두꺼운 보고서 안에만 머물러 있는 사업 아이디어들을 누구도 실행해보지는 못하는데, 그것은 두려움 때문이다.

최고경영자가 봐야 하는 현업 보고서를 편집해서 정리하는 손길이 파워가 있다면 정말 위험한 것이 아닌가? 회사는 투명해야 하지만 어떤 기득권을 유지하기 위해 제도, 일, 사람이 존재한다면 누구도 의사결정을 쉽게 할 수는 없을 것이다.

의사결정 단계를 거치다 보면 많은 이해관계자의 의견을 수렴해야 한다. 그러다 보면 처음 실무자가 기획했던 보고서에서 많이 달라지게 마련이다. 버전 1.0 1.1, 1.2, 1.3… 다시 버전 2.0. 버전 2.1, 버전 2.3…. 이렇게 십수 차례 보고서를 수정해야 기획한 건이 완성된다.

어느 때는 한 가지 과제에 대해 1년간 지속적으로 보고해서 드디어 시행되는 경우도 있다. 시간이 지나면 상사가 바뀌고 또 경영환경이 바뀌기 때문에 당시에는 받아들여지지 않던 기획안이 통과되기도 한다.

진정한 연륜을 가진 선임들은 이런 참조용 보고서를 많이 가지고 있다. 어떤 과제를 받으면 3년 전, 5년 전, 심지어는 10년 전 기획 보고서 파일을 찾아서 다시 열어보기도 한다. 아! 그 기분이란 참 묘하다. 보고서도 유행처럼 돌고 도는 것인가? 경영환경의 변화에 따라 이렇게 시대의 흐름이 빠르지만 예전에 써둔 보고서가 지금 업무에 참조할 만한 것일 때, 드디어 '검토 중'이던 기획안이 빛을 발하는 순간이 오고야 마는 것이다.

'검토 중'이라는 말은 의사결정의 사각지대다. 여러 부서의 의견이 서로 엇갈리고 이익이 첨예하게 부딪힐 때 어떤 사안은 검토 중이 된다. 이 말은 굉장히 완곡한 거절 표현이기도 하다. 비즈니스 파트너들의 제안서, 또 같이 회의했던 일들은 지금 '진행 중'인데 잠시 의사결정 이슈 때문에 '홀딩'되어 있고 윗선에서 '검토 중'이라는 것이다. 그래서 계속 기다리다가는 오리무중이 되고 만다.

도대체 그 많은 회의와 협의의 결과는 다 어디로 간 것인가! 사라지는 일들, 사라지는 보고서, 또 사라지는 시간, 사라지는 사람들. 잦은 조직개편과 함께 상사가 바뀌면 업무의 라인이 싹 바뀐다. 마치 여자가 계절이 바뀌니 화장품의 브랜드와 라인을 다 바꾸듯이.

어떤 업무는 유독 일정한 임원에게만 가면 낙동강에 빠진 오리 알이 되고 만다. 생각의 폭과 깊이, 넓이가 어마어마하다 보니 이분은 마치 회장님과 독대로 일을 추진해야 할 수준이다. 아니 회장님이라 하더라도 그 스케일을 담긴 어려울 수도 있다. 어떤 프레임이 본인의 마음에 들지 않으면 절대로 일이 진행되지 않고 점점 일이 커지고 끝도 없는 미궁 속으로 들어가다 보니 출구를 찾지 못할 때도 있다.

처음에는 작게 시작한 일이 계속 반복되는 보고서로 거대한 컨설팅 프로젝트가 되기도 한다. 문제는 리더가 일을 모르기 때문에 발생하는 업무의 블랙홀 현상이다. 즉 일의 본질을 생각하면서 과제를 프로젝트까지 키울 수 있다면 얼마나 좋을까. 그런데 코끼리 몸통을 만지면서 이게 기둥인가, 나무인가 하고 있는 것처럼 시간만 가는 것이다.

결국 이런 일들, 즉 '팬딩 이슈'는 임원이 교체되면 해결되곤 한다. 한순간에 갑자기 그렇게 어렵던 일이 썰물 빠지듯 사라지는 것이다.

과장 시절, 보고서마다 족족 반려된 적이 있다. 정말 일 년 내내 한 일이 보고서 수정이었는데 이렇게 가다가는 아무 일도 못하고 연말에 성과급이나 나올지 모르겠다고 불안해했었다. 그런데 놀랍게도 우리 팀은 조직평가에서 중간보다 높은 점수를 받아 성과급도 무난한 수준으로 받은 적이 있다. 나는 선배에게 물었다.

"우리가 이 돈을 받아도 되는 걸까요?"

선배는 덤덤히 대답해주었다.

"스태프 부서는 숫자 같은 실적으로 월급을 받는 곳이 아니야. 우리는 마음고생을 한 대가로 월급을 받거든."

이 혜안과 통찰력 있는 대답은 '스태프는 프레임(Frame)이다.'

라는 가르침과 함께 지금까지도 가슴에 남아 있다. 일이 사각지대로 가지 않으려면 어떻게 해야 할까? 이것은 혼자의 힘과 외침으로 금방 해결되는 일은 아닌 것 같다. 실제 많은 팀장들이 권한은 없고 책임만 있다고 말한다.

또 파트장급 중간관리자들은 스스로가 직책자라고 생각하지 않는다고도 한다. 어떤 리더는 "결정해달라고 하지 말고 아이디어를 줘요."라고 말하기도 한다. 많은 구성원이 시키면 시키는 대로, 수동적으로 일한다. 그게 제일 편하기 때문이다.

구성원들의 역할은 리더가 의사결정할 수 있도록 적극적으로 뒷받침하는 것이다. 그리고 리더들은 명확하게 방향을 제시해주어야 한다. 두루뭉술하게 업무 처리를 하면 자기기만이 될 수 있다. 그리고 이것이 두 명 이상이 되면 공모가 된다. 리더의 불안증, 불신, 두려움으로 안 해도 될 일을 만들어내거나 해놓은 일을 추진하지 못하는 기업은 도태될 수밖에 없다.

의사결정을 못하는 것은 역량이 부족하거나 정치적이 되어서인 경우가 많다. 물론 회사를 오래 다닐 수는 있을 것이다. 일은 제대로 안 되겠지만.

업무의 과정에서 정직함을 발생시키는 것은 자기 자신뿐 아니라 자신이 속한 조직, 회사 전반적으로 긍정적인 영향이 흘러가게 한다. 똑똑 떨어지는 한두 방울의 물이 바위를 뚫듯이.

사각지대에 사이드미러를 달고 명확하게 합시다. 우리 의사결정 좀 해주세요!

무엇이든
투명하게
공개한다

사랑하는 자여 네 영혼이 잘됨같이 네가 범사에 잘되고

강건하기를 내가 간구하노라.

(요삼 1:2)

· · · ·

'미궁'은 그리스 신화에 나오는 이야기다. 그리스의 아테네에 다이달로스라고 하는 아주 뛰어난 세공 기술자가 있었다. 나라 안 어디를 가도 그의 이름을 모르는 사람이 없었다. 그러나 다이달로스는 경쟁심이 워낙 강해서 언제나 자기가 첫째라는 말을 들어야만 마음이 놓이곤 했다. 다이달로스에게는 젊은 조카 탈로스가 있었다. 탈로스는 다이달로스의 제자이고 기술이 좋았기 때문에 삼촌보다 더 훌륭한 기술자가 될 것 같았다. 다이달로스는 너무 불안하고 분해서 잠도 제대로 자지 못했다.

다이달로스는 좋은 꾀를 생각해내 조카인 탈로스를 죽여버렸다. 그 후 크레타 섬으로 달아난 다이달로스는 미노스 왕을 위해서만 일하는 목수가 되어 일했다. 미노타우로스는 목 위로는 소의 모습이고, 몸뚱이는 사람의 모습을 하고 있었다. 미노스 왕은 이 괴물에게 날마다 남자아이와 여자아이를 각각 7명씩 제물로 바쳐야만 했다. 그래서 다이달로스는 미궁을 만들었다. 미궁 안은 깜깜하고 구불구불한 복도가 뒤얽혀 있어서, 다이달로스조차 길을 잃을 정도였다.

회사에 이런 미궁이 있다면 어떨까. 아이들을 제물로 바치는 무시무시한 것 말고, 한 번 빠지면 나올 수가 없는 블랙홀 같은 것 말이다. 어떤 사람에게는 모든 정보가 이렇게 미궁에 빠진 것처럼 들어가면 나오지를 않는다. 왜 그럴까? 그 이유는 자료 자체가 힘의 원천이라고 생각하기 때문이다. 자신만 정보를 독점하고 있어야 한다는 본능이 있기라도 하듯이 잘 내놓지도 공유하지도 않는다. 업무 지식이나 노하우도 마찬가지다. '내가 어떻게 얻은 정보인데, 내가 어떻게 배운 건데.' 하며 절대 안 준다. 회의는 밀실에서 주로 소수만 대상으로 이루어진다. 여기에 참여하지 않는 사람들은 소외감을 느끼게 된다.

유명한 변화관리의 예화 중에 개구리와 냄비 이야기가 있다. 살아 있는 개구리를 냄비에 넣고 찬물에서 끓이면 물의 온도 변화를 느끼지 못한 개구리가 뛰어나가지 않고 미지근한 물 안에 있다가 삶겨서 죽게 된다는 이야기다. 그런데 살아 있는 개구리를 뜨거운 물에 직접 넣으면 개구리는 바로 뛰쳐나온다. 이 예화가 주는 교훈은 사람들은 긴박하거나 급진적인 변화에는 오히려 빠르게 대처할 수 있지만 서서히 진행되는 변화에는 대응하지 못하고 결국 거기에 빠져서 나오지 못하게 된다는 뜻이다.

변화관리에 실패한 기업이나 개인의 말로는 미궁 속에서 빠져 나오지 못하는 일들이 많아질 때 그렇게 된다. 기업교육을 하던 후배가 어느 날 문자를 보내왔다. 자기가 다니던 회사에서 교육 부서를 없앴다고 했다. 그리고 자신을 품질관리팀으로 보냈다고 했다. 회사 경영이 악화해 더 이상 직원교육에 투자할 수 없게 되었기 때문이었다. 이것은 안타까운 일이지만 그런 결정을 내린 최고경영자도 마음이 편하진 않았을 것이다.

조직의 변화는 성장하고 팽창하는 과정에서는 긴장이 있더라도 조직에 속한 사람들의 마음에 부정적으로 다가오지 않겠지만, 조직을 축소하는 구조조정 과정에서는 상당한 긴장감과 위축이 일어나게 된다. 내가 선택할 수 없는 상황에서 내가 원하지 않는 곳에 가서 일을 해야 한다는 것이 얼마나 어려운 일이겠는가? 이것은 겪어보지 않은 사람은 잘 알 수가 없을 것이다.

삶은 개구리 신드롬에 대해 이야기하던 변화관리 학자들은 나중에 데드 테폴 신드롬을 내놓았다. 그것은 개구리는 급변하는 환경을 감지하고 냄비에서 뛰쳐나올 수 있었지만 나머지 올챙이들은 나오지 못하고 죽고 말았다는 것이다. 올챙이에게는 다리도 없고 바깥 세상에 대한 정보가 없었기 때문이다. 즉, 리더 개구리가 자기만 살겠다고 정보를 독식하고는 도망쳐버린 것이다.

"거기 이번에 새로 임원 오신다며?"

"그래? 그냥 계시는 걸로 알고 있는데?"

"아니야. 내가 알기론 바뀌고 팀도 조정되는 거 같던데?"

"그래? 난 처음 듣는 얘긴데."

1990년대 중반은 지식정보화 사회로 그야말로 인류사회에 새로운 진화가 이루어진 문이 열린 때다. 그것은 정보와 지식이 새로운 경제의 논리를 말할 수 있는 힘이 되었다는 것을 의미한다. 조직에서 정보는 매우 중요한데, 구성원들에게 투명하게 정보를 공유하지 않는 일이 많다.

"우리 조직 개편에 대한 이야기는 항상 다른 팀에서 듣게 됩니다. 사옥이 본사하고 떨어져 있어서 그런지는 모르겠지만 우리 팀 이야기도 정작 팀원들은 모르고 다른 사람들이 더 잘 알고 있어요."

인사 기밀에 관한 이야기는 소문만 무성할 때가 많기 때문에 연말이 되면 삼삼오오 모여서 '카더라 통신'에 열을 올리게 되는 경우가 많다. 그런데 무엇 하나 뚜렷한 소식통은 없다. 언제나 인사나 조직 개편은 뚜껑을 열어봐야 알게 된다.

소문은 꼬리를 물고 무성하게 된다. 물론 기밀과 보안은 철저하게 지켜져야 한다. 내가 여기서 말하고 싶은 것은 진실한 소통이다. 요즘 회의실은 유리로 세련되게 꾸며진 곳이 많다. 밖에선 사람들이 보이지만 사실 안에서 무슨 말을 하는지는 들리지 않다. 이런 보이지 않는 유리 벽이 조직 내에 세워져 있어서 무엇이든 투명하게 공유되지 않는 경우가 너무 많다. 그래서 사람들은 이면 교류를 한다. 곁으로는 웃으면서 이야기하고 또 정중하게 이야기하지만 사실 속마음은 다른 것이다. 회사의 변화에 대해서, 또 임원이나 팀장의 아이디어에 대해서 정말 좋은 생각이라고 이야기하지만 진심으로 동의하지는 않는다. 좋은 게 좋은 것인 관계를 유지하고 표면적으로만 좋을 뿐이다.

투명하지 않으면 구성원들은 책임지지 않는다. 알고 있는 데까지만 일할 수 있기 때문이다. 또 조직 내에서 이면 교류가 잦아지면 거짓말이 늘어나게 된다. 오래 남아 있다고 다 일을 하는 것은 아닌 것처럼 부딪히지 않는다고 해서 관계가 좋은 것은 아니다. 누구도 성과나 진행과정에 누수가 생기는 것을 책임지려하지 않는다.

『팀이 빠지기 쉬운 5가지 함정』이라는 책에서는 신뢰의 결핍, 충돌의 두려움, 책임의 회피, 헌신의 결핍, 결과에 대한 무관심을 다섯 가지 함정으로 뽑고 있다. 한 조직의 신뢰를 이야기할 때 '서로 어떤 내용이든지 허물없이 이야기할 수 있는가?'라는 것이 중요한 징후라고 생각한다.

사회학을 전공한 어느 박사님은 회사 내에서의 관계는 철저하게 2차적인 관계이기 때문에 개인에 대해 지나치게 알려고 하는 것은 좋지 않다는 개인 의견을 피력하기도 했다. 즉, 집들이를 간다든지, 서로 개인적인 일상까지 낱낱이 공유한다든지 말이다.

팀 전반적으로 투명한 소통이 되지 않으면 신뢰가 결핍되게 된다. 어떤 구성원이 어떤 수혜를 입게 되었다고 할 때 그것이 교육에 가는 것이든, 아니면 출퇴근 비용에 관한 것이든 말이다. 이러한 것이 공개적으로 진행되지 않으면 다른 구성원들은 자기 입장에서 나름대로 반응을 보일 것이다.

"어, 진짜? 나도 다음에 열심히 해서 꼭 해야지."

"내가 그럴 줄 알았어. 너무 불공평한 처사야. 이번에도 또 그러네."

"에라 모르겠다. 나는 상관없는 얘기지 해주거나 말거나 나한테 뭐라고 하지나 않으면 다행이지 뭐."

이런 식으로 점차 신뢰가 결핍되면 서로 벽이 두꺼워지기 때문에 충돌에 대해 회피하게 된다. '부딪히면 뭐 하나, 나만 나쁜 사람이 되는데. 그냥 가만히 있는 게 최상이지.' 하고 생각하게 된다.

'가만있으면 중간은 간다.'라는 말이 있다. 그리고 미련한 사람이라도 입을 닫고 있으면 현명한 사람으로 분류되기도 한다. 그래서 가만히 있는 것은 어찌 보면 최상의 처세다. 그러나 조직에서 최상의 결과를 위해 충돌하지 않는다면, 누군가가 나서서 문제를 제기하지 않는다면 누수가 생겨도 모르고 그냥 지나갈 수 있다.

벽에 금이 가고 있는 공장에서 일하고 있다고 가정해보자. 얘기하면 골치 아프고, 얘기한 사람이 책임져야 하고, 얘기해놓고 제대로 못하면 욕을 먹게 되기 때문에 그냥 가만히 있었다. 그리고 벽이 무너졌다. 우리 사회에 이런 일이 얼마나 많이 일어나고 있는지 모른다.

팀에서 헌신이 결핍되면 팀플레이가 일어나지 않는다. 소수만 죽어라 애를 쓰지만 '그 사람의 공으로 돌아갈 텐데 내가 왜 여기에 힘을 쓰나? 나는 그냥 내 일만 열심히 하면 된다.'는 분위기가 형성된다. 그렇다. 조직은 결국 분위기로 일하는 게 아닌가? 모두 공동으로 결과에 책임을 져야 하지만 아무도 그 결과에 책임을 지는 사람은 없다. 왜? 잘 몰랐기 때문이다.

모든 일을 구성원을 다 모아놓고 공개적으로 얘기할 수는 없다. 팀원들이 다 있는 데서 이야기할 토픽이 있는가 하면, 개인과 개인이 직접 면대면으로 이야기해야 하는 경우가 있다. 그 이유는 모든 사람을 만족시키기는 좀처럼 어렵고 각자 생각이 다르기 때문이다.

단 네 식구라도 가족 구성원이 어떤 의견을 통합하고 모두 만족하는 결론을 맺어본 기억이 혹시 있는가? 아버지의 일방적인 결정이나 어머니의 분노 혹은 자녀들의 반대는 늘 일어나는 일이다. 큰 의사결정이 아니라 모처럼 외식을 하러 나가서 뭘 먹을까를 결정할 때도 그렇다. 이럴 때는 개별적으로 이야기하고 정보를 공유하는 것도 한 방법이다.

팀의 성과를 더 향상하고 싶다면 팀이 함께 학습하는 것이 중요하다. 이때 미팅을 통해서 서로 정보와 노하우를 공유하고 어떻게 일할 것인지에 대해 함께 고민하는 것이 중요하다. PC 하드나 서랍 속에 들어가 있던 자료들, 진행되지 않고 있던 일들을 꺼내서 함께 공유할 수 있는 시간이 팀 학습이다.

진실한 소통이 처음부터 이루어지기는 어렵다. 대화를 자주 하면서 점점 대화의 원을 좁혀가는 것이 바람직하다. 투명하게 공개하고, 함께 공유하고, 개인의 선택을 존중하는 것이 거센 바람이 부는 바다 위에 있는 팀이 일하는 방법일 것이다. 혹시 나만의 리그, 그들만의 리그가 있다면 이참에 해산하고 통합해보는 것도 모두 살 수 있는 길이다.

미궁은 한 번 들어가면 쉽게 나올 수가 없는 길이다. 혹은 쉽게 풀리지 않고 얽혀 있는 일을 의미하기도 한다. 그리스 신화에서 테세우스는 자신을 사랑한 크레타의 공주 아리아드네의 도움을 받아 명주실을 풀면서 미궁으로 가서 나올 때 다시 감으면서 무사히 미궁을 빠져나올 수 있었다. 입구에서는 출구가 보이지 않을 수 있지만 출구에서 보는 입구는 이미 길이 보이는 경우가 많다. 투명하고 진실한 소통이 얽혀 있는 명주실을 풀어주고 일이 해결되게 할 것이다.

팀의
이름으로
일한다

우리가 한 몸에 많은 지체를 가졌으나 모든 지체가 같은 기능을 가진 것이

아니니 이와 같이 우리 많은 사람이 그리스도 안에서 한 몸이 되어

서로 지체가 되었느니라.

(롬 12:4-5)

· · ·

　내가 일했던 조직에서는 한때 보고서 실명제가 유행했었다. 그 이유는 보고서를 작성하는 사람들이 나누어서 쓰다 보니 누가 보고서의 최종 책임자인지 불분명했기 때문이다. 프로젝트 조직으로 일하다 보니 프로젝트별로 리더 외에 멤버들이 다른 다양한 프로젝트에 소속되어 일하는 경우가 많아서이기도 했다. 보고서의 분량이 많고 오랫동안 공동 작업을 요하는 경우에는 보고서 작업을 같이 한 사람들의 이름을 맨 앞 장에 넣곤 했다.

　팀은 팀원들이 공동의 목적을 향해 함께 일하는 것이 기본이지만, 업무 분장과 협력이 굉장히 중요하기 때문에 협력하는 것 못지않게 한 가지 과제에 누가 참여해서 어떤 부분을 담당했는지도 매우 중요하다.

한번은 내부적인 경쟁이 너무 치열해지자 팀 내에서 구성원들 상호 간에 이런 부분에 대해 민감해진 적이 있었다. 재주는 곰이 부리고 돈은 왕서방이 챙긴다고 했다. 그래서 팀장 이하 팀원들이 규칙을 만들었는데, 보고 시에 실무자 중 PM(Project Manager) 배석 원칙, 그리고 보고서에는 개인의 이름을 쓰지 않고 팀의 이름만 넣기로 했다.

스포츠 팀에서 명문 팀을 꼽으라면 뉴욕 양키스를 들 수 있다. 어느 스포츠 팀이나 명문 팀이 되기를 희망한다. 그렇다면 명문 팀의 조건은 무엇일까? 무엇보다 오랜 역사와 전통이 기본이 되어야 할 것이다. 그리고 꾸준히 일정 수준 이상의 성적을 유지해야 한다.

이런 조건은 뉴욕 양키스가 충족한다는 면에서 명문 팀이라고 보기에 충분하다. 뉴욕 양키스는 1901년에 창단되어 100여 년 역사를 자랑하고, 월드시리즈 우승을 27회나 했기 때문이다. 뉴욕 양키스에서는 선수들의 유니폼에서 선수의 이니셜을 없앴다. 경기장에서는 선수들을 등번호로 확인할 수 있다. 유니폼에는 오직 뉴욕 양키스, 즉 팀의 이름만 있다. 메이저리그는 전 세계의 스타플레이어가 결집하는 올스타전이다. 세계적인 선수들이 모이는 뉴욕 양키스가 팀에 헌신하는 조직으로 선수들을 관리하기 위해 결정한 규칙인 것이다.

팀은 회사에서 성과를 평가하는 가장 작은 단위의 조직이다. 오늘날 대부분 기업은 팀제로 조직을 운영하고 있다. 회사에서 팀에 대한 워크숍을 진행할 때 자신이 속한 팀을 홍보한다면 자랑할 것을 써보라고 요청한 적이 있다. 가을 시즌이 되면 취업생들을 위해 회사에서 채용설명회를 하듯이 연말에 팀을 세일즈해서 우리 팀으로 오도록 해야 한다면 무엇이 있을까?

이 질문은 참가자들을 종종 웃게 만드는데, 실제로 여기저기서 한숨과 함께 자조적인 웃음이 터지고 고개를 갸우뚱하기도 한다. 팀에서 일하는 것이 쉽지 않다는 것을 나타내기도 하고, 직장인들이 매일매일 겪는 애환이 묻어나오는 장면이기도 하다. 팀으로 일하면서 팀에 대한 자랑을 말할 수 있는 것은 참 행복한 일일 것이다. 어떤 사람에게는 한숨과 자조 섞인 분노뿐일 수도 있으니까.

피 끓는 열정이 있던 젊은 시절, HRD에 평생을 걸자던 비슷한 또래의 동료들과 함께 새벽까지 목소리를 높여가며 함께 마음을 모으곤 했었다. 역량은 부족해도 마음은 어찌나 뜨거웠는지, 그때의 어설픔을 생각하면 지금도 웃음이 나온다. 우리의 목표는 세계 유수기관에서 벤치마킹하러 오는 조직으로 만드는 것이었다.

GE의 크론톤빌은 모르긴 몰라도 대한민국의 30대 기업 교육

부서의 벤치마킹 대상이자 롤모델 조직임에 틀림없을 것이다. 얼마나 많은 보고서에서 조직의 되고 싶은 모습을 GE 크론톤빌로 그렸는지, 한국 기업교육학계의 천재라고 불리는 유영만 한양대 교수가 "컨설팅이든 강의든 방문하는 기업의 상황이 다 다르고 육성체계도 기업마다 각각인데 비전은 다 똑같습니다. 전부 GE처럼 되겠다고 하데요!"라고 말해서 강의에 참석했던 교육 담당자들이 다 웃은 적이 있다.

하지만 공감했던 것은 모두 지금 일하는 곳을 되고 싶은 조직, 오고 싶은 팀으로 만들고 싶다는 열망이 그렇게 표현됐다는 것이었다. 이 회사에서 일을 잘하고 있고 성장하고 있다는 것의 사인 중 하나를 꼽는다면 바로 지금 '이 팀'에 한 번쯤 거쳐가야 한다 싶은 롤모델 조직 말이다.

우리 팀은 오고 싶은 팀 서열 몇 위쯤 될까? 카젠바흐와 더글러스 스미스의 공저 『더 위즈덤 오브 팀즈』에는 팀에 대한 고전적인 정의가 나온다.

1. 팀은 두 명 이상이어야 한다.

2. 팀은 공동의 목적과 목표가 있어야 한다.

3. 상호보완적인 스킬이 있어야 한다.

4. 개인적인 헌신이 있어야 한다.

나는 늘 다섯 번째 정의인 결과에 대한 공동의 책임 부분에 대해 많은 생각을 한다. 한동안 리더와 팀, 혹은 실/본부 단위의 조직에 대해 공부하면서 프로그램을 할 때 늘 리더에 초점을 맞추곤 했다. 당시에는 모든 것이 결국 리더의 책임이라고 생각했다. 리더의 수준이 곧 그 팀의 수준이다. 리더의 성향이 결국 그 팀의 성향이다. 물론 맞는 말이다. 삼성 그룹은 한 명의 천재를 한 사업 단위와 견줄 만큼 중요하게 생각한다. 그 또한 맞는 말이다. 마이크로소프트를 만든 빌 게이츠, 지금의 애플이 있게 한 스티브 잡스…. 꽤 많은 천재들이 세계적인 기업을 낳았고 새로운 시대를 연 것은 사실이다. 그러나 조직력이라는 것이 리더 한 사람만으로 구축되는 것 같지는 않다. 몇 년 전부터 등장한 '팀십'이라는 개념이 그것을 설명할 수 있을 것이다.

지금은 집단지성이 매우 중요하다. 구성원 개개인의 전문성과 개성, 독특함이 고도로 발달하는 시기이기에 리더 혼자 모든 지식을 소유할 수도, 한 팀의 리더가 가장 전문성이 뛰어난 사람이기도 힘든 시대다. 리더의 리더십과 팀을 이루는 구성원들의 팔로어십이 함께 어우러지는 지점이 팀십이다.

그래서 팀에는 스타플레이어보다는 팀플레이어가 더욱 필요하다. 한두 명의 탁월한 구성원보다는 팀 전반적으로 헌신할 수 있는 사람이 중요하다. 단기적으로 보면 물론 하이퍼포머(업무 성과가 좋은 사람)가 중요하다.

팀장이 팀의 이름으로 성과를 내는 데는 일을 잘하는 사람이 한두 명 있으면 더할 나위 없이 좋을 것이다. 하지만 팀은 TF, 즉 한시적 과제를 해결하고 해산하는 조직이 아니라 일정하게 장기적으로 지속되는 특성이 있기 때문에 이렇게 팀에 대해 연구하는 사람들이 많은 것이 아닐까.

팀에서는 항상 스포트라이트를 받지는 않더라도 뒷감당을 해주는 구성원들이 있다. 마치 발레에서 주인공이 독무를 하는 동안 뒤에서 튀지 않고 일정한 안무를 해주는 단원들처럼 말이다. 꼭 자기 일이 아니더라도 다른 구성원들이 힘들 때 도와주고 불평불만 없이 묵묵한 동료. 이런 구성원들은 팀장이나 하이퍼포머가 팀을 떠나도 늘 팀을 지키고 남는 경우가 많다. 혹은 스타 플레이어가 부상일 때 그 자리를 메워주는 역할을 하기도 한다.

소위 맷집이라는 것이 있다. 격투기를 보면 웬만큼 맞아도 잘 견디는 선수가 있는데, 일을 할 때도 마찬가지라는 생각을 많이 한다. 작은 변화나 조금만 신경을 건드려도 바로 티내고 면담하고 하는 구성원보다는 웬만한 일은 그냥 묵묵히 혼자 해내는 구성원이 더 고맙다.

일에 대해서나 변화하는 주변 환경 그리고 동료들의 변화무쌍한 기분 변화에 함께 기류를 타는 것도 때로 필요하겠지만, 너무 일일이 이러한 것들에 반응해주기보다는 팀에서 해야 할 일에 팀원으로서 헌신하는 것도 필요하다.

혹 "이렇게 남 뒤치다꺼리만 해주면 내 몫은 언제 챙기나요? 늘 남 좋은 일만 시키는 것 아닌가요?"라고 되물을 수도 있다. 하지만 오랜 조직생활의 경험으로 미루어볼 때 이러한 성품을 연마하고 단련하는 것은 결국 장기적인 승리를 가져온다.

'5 mile activity'라는 말이 있는데, 이것은 성경에서 빌려온 조직시민행동을 설명하는 표현이다. 즉 어떤 사람이 5리를 가자고 하면 함께 5리를 더 가주라는 것이다. 왜 그래야 하는가? 그것을 나는 부메랑 법칙, 즉 자기가 한 행동은 되돌아온다는 원리로 설명하고 싶다. 이것은 팀십과 팀플레이를 아주 잘 표현해주고 있다. 지금 당장은 손해를 보는 것 같은 행동이지만 나중에는 반드시 보상이 돌아오기 때문이다.

새로 옮긴 회사에서 만난 한 팀원은 정말 꼼꼼했다. 회사의 교육제도와 비용을 주로 담당하다 보니 늘 원칙과 가이드를 구성원들과 팀에 설명하는 경우가 많았다. 문제는 팀원들이 이러한 원칙과 가이드를 평소에 신경을 잘 쓰지 않는 것이었다. 대부분 일정이 다 돼서, 또는 문제가 발생했을 때에야 원칙을 찾게 되고 빠져나갈 궁리를 한다.

사실 내가 주로 그런 사람이었는데, 그 팀원은 때로는 친절하게, 때로는 정말 절실하게 화를 내면서까지 끝까지 챙기고 도와주었다. 이런 일은 문제가 터지면 담당자에게 잘못을 추궁하기 때문에 상처도 많았을 텐데, 이 팀원은 책임감이 끝도 없었고 늘 적극적으로 팀과 회사 구성원들을 도와주었다. 나는 그 팀원의 역량을 '마감력'이라고 표현하고 싶다.

조직의 문화는 하루아침에 생기지 않는다. 한 팀의 문화도 최소한 일 년 이상 함께 보낸 사람들이 닮아가며 생겨나는 분위기와 행동이기 때문에 시간이 필요하다.

팀마다 구성원들이 일하는 스타일과 분위기가 다르다. 인사팀은 소수가 모이는 회의를 많이 하고 늘 문을 닫고 조용히 일한다. 회계팀은 전표를 많이 보고 늦게 끝나서인지 늘 지쳐 있고 조금은 예민해 보인다. 교육팀은 늘 짐을 싼다. 책이나 교재 등이 주변에 많고 간식도 풍부한 편이다.

이러한 문화는 또한 팀의 규범에 의해 만들어지기도 한다. 앞에서 예로 든 뉴욕 양키스의 규범이 유니폼에서 선수의 이니셜을 지우는 것이라면, SK 와이번스의 규범은 팬들이 경기장에서 사인이나 사진 찍는 것을 요구할 때 기쁘게 응대하는 것이다. 그리고 어떤 팀은 30분 일찍 출근해서 티타임을 갖기도 한다.

규범은 지켜질 때 존재하기 때문에 리더와 구성원의 합의에 의해 도출된 것이 좋다. 그리고 지켜지지 않을 때는 지킬 수 있도록 수정을 거듭해야 한다. 문화나 규범은 조직의 가치를 반영한 것이다. 리더의 철학, 구성원들의 비전, 그리고 무엇보다 팀이 미션을 완수하기 위해 지켜야 하는 행동의 원칙이기 때문에 신뢰가 바탕이 되므로 중요하게 다루어야 한다.

'결심육력(結心戮力)'이라는 사자성어가 있다. 마음을 다하여 서로 돕고 힘을 모은다는 뜻이다. 우리 팀이 사명을 다하기까지 함께 투혼을 발휘해보자.

마감 기한을
미루지
않는다

너희는 스스로 삼가 우리가 일한 것을 잃지 말고 오직 온전한 상을 받으라.

(요이 1:8)

. . .

'세 살 버릇 여든까지 간다.'라는 속담은 습관에 관한 것이다. 사람들은 일차적 관계인 가족 공동체 안에서 성격이 형성된다. 그리고 성격과 습관은 서로 상호관계가 있는 것 같다. 습관은 생활을 어떻게 하고 있느냐와 관련이 있다. 내재된 성격이 행동으로 발현되는 것이 습관일 것이다.

이런 습관은 자라면서 학교에서도 다시 발현된다. 수업이 끝나면 과 대표에게 꼭 과제를 다시 물어보는 친구들이 있다. 수업시간에는 무엇을 했는지 모르지만, 다시 한 번 정확하게 하려고 확인하는 게 아니라 제대로 듣지 못해서 다시 묻는 경우다. 그리고 수업시간에 수업을 듣기는 하지만 제대로 핵심을 짚어 필기해놓지 않아서 시험기간에 꼭 친구에게 노트를 빌리는 사람이 있다. 물론 어떤 친구는 노트 정리만 잘하고 실제 시험은 잘 못 보기도 하지만 말이다.

이런 생활습관은 성인이 되어 사회생활을 할 때도 그대로 나타난다. 지각이 잦다거나 시간에 대한 개념이 자기 자신이 기준이라는 게 두드러지는 특징이다. 마감 임박 착수형인 사람들은 납기나 마감에 대한 스트레스가 남다르다. 즉, 마감일은 자신이 마무리 짓는 날이 바로 그 날이다. 일단 이분들은 조금 산만해 보이기도 한다. 한 번에 한 가지씩을 집중해서 하고 마무리한 후 다음 일로 가는 것이 아니라 여러 가지 일을 동시에 추진하는 독특한 자기만의 방식이 있다.

"아, 그거 오늘까지였어요?"

"지난번 그 쪽지 한 번만 더 보내줄래요?"

"이 문서 최종 버전이 어떤 거죠?"(심지어 자신이 정리한 문서인데도)

마감 임박 착수형을 쉽게 설명한다면 시험공부를 시험 하루 전날이나 당일치기로 주로 하는 사람들이다. 물론 이분들 역시 매번 다이어리를 살피고 계획을 세우는데, 그것은 아직도 시간이 많이 남아 있다는 것을 확인하기 위한 때가 많다. 이분들은 또 늘 공지를 제때 못 받는다. 그래서 항상 다시 문서를 요청해야 한다. 회의 때 보면 항상 바쁜데, 휴대폰으로 계속 메시지를 확인하고 있거나 문자를 주고받고 있기 때문에 회의 내용을 다 들을 리 만무하다. 수시로 휴대폰을 확인하기 위해 회의실을 나 갔다가 들어오기도 해서 곁에 있는 사람까지 같이 어수선해지고 만다.

이들의 좋은 점은 절대 안 된다는 말은 하지 않는다는 것이다. 거의 무조건 "Yes!"다. 마치 당장 그 일을 해줄 것처럼 말이다. 그런데 그 약속은 그 시기를 모면하기 위한 대답에 불과하다는 것이 곧 밝혀지곤 한다. 일할 때는 큰소리를 치는데 막상 해가지 고 올 때는 용두사미랄까, 그런 모양새가 되는 경우도 많다.

너무 많은 레이더를 펴고 있고 다양한 일에 관심이 많다 보니 지금 해야 할 일에는 당연히 집중력이 떨어지게 마련이다. 아무 튼 곁에서 지켜보자면 뭔가 산만해 보이는 것도 사실이다. 우선 순위를 명확하게 세워서 중요하고 긴급한 일부터 한 가지씩 마 무리하는 습관을 키우는 것이 필요하다. 오늘 반드시 마무리해 야 하는 일 3가지를 적고 최소한 그것만은 꼭 하는 것으로 일하 는 습관을 바꿔보면 어떨까?

또 한 가지 마감 임박 착수형인 이들에게 나타나는 중요한 특 징은 상당히 많은 정보와 자료를 수집하는 데 있다. 아무리 많은 자료를 수집해도 충분하다고 생각하지 않기 때문에 남들이 볼 때는 공부를 하고 있는 것처럼 보이지만 실은 관련 자료를 더 수집하고 있을 때가 많다. 계속 수집하고 자료를 보는 습관이 있는 경우가 많다. 즉 고민을 나름대로는 굉장히 넓고 깊게 하고 있는 것이다.

"곧 휴가철인데 휴가철 판촉 계획 좀 세워서 회의하자."

"아! 예, 알겠습니다. 정말 좋은 생각이십니다."

휴가철 판촉 계획에 대한 업무를 받은 사람들은 일반적으로 작년 휴가철 판촉 계획이나 아니면 최근 2~3년간의 판촉 기획 보고서를 보고 관련된 사람들과 회의를 한 다음에 자신의 초안을 내놓겠지만, 정보를 수집해야 하는 사람들은 '과연 인류는 언제부터 휴가를 떠나게 되었는가?'라든가 아니면 '휴가가 직무 성과에 미치는 영향'과 같은 주제와 연관된 자료들까지 계속 파고든다. 경쟁사 판촉자료, 타 본부 판촉자료까지 웬만한 자료는 다 모으려고 애를 쓴다. 그런데 정작 자기가 기안해야 하는 문서는 많은 자료를 타고 산으로 가고 있다면? 이쯤 되면 자료는 그만 모으고 자신이 써야 하는 기획서의 맥락부터 잘 잡아야 하지 않겠나 싶다. 열심히 본질을 파고드는 것은 좋은 태도지만, 구조화하는 능력을 좀 더 배워야 하겠다.

한 가지 면을 더 보면 이들은 일을 될 수 있는 한 뒤로 미루는 습관이 있다. 긍정적 생각에 대한 능력만큼은 무한대이기 때문에 이들에게는 늘 시간이 '있다'. 어떤 사람에게는 늘 시간이 '부족'하기 때문에 일을 빨리 마감해야 하는 상황이지만 말이다.

신중한 것과 일을 미루는 것은 다르다. 일을 미루다 보면 결국 마지막에 조급하게 서둘러서 일을 처리하게 되고 실수를 하게 된다. 미리 계획한 것을 여러 번 반복해서 리뷰하고 수정해야 실수가 없고 발전적인 아이디어로 업무성과를 높이게 된다.

어떤 사람들은 매우 부지런하고 어떤 사람들은 상당히 게으르다. 업무에서 게으른 습관은 팀에도 영향을 미친다. 팀 전체적인 업무 일정이 어그러지기 때문이다. 기한이 정해져 있긴 하지만 당장 급한 일이 아닐 때는 계속 뒤로 미뤄지기도 한다. 그럴지라도 기한을 지키는 습관은 굉장히 중요하다. 영업 현장에서는 매일 일상적으로 마감을 한다. 그날의 판매, 방문한 고객, 영업이익을 마감하는 것이다.

일을 처음 받을 때는 그 일의 '개념'과 회사에서의 '포지션'을 잘 생각해봐야 한다. 대개 그런 생각 없이 그냥 일을 하곤 한다. 중요한 것은 일에 대한 스스로의 질문이다. 스태프 부서의 일도 영업이나 생산 현장처럼 마감력을 가지고 있어야 한다고 생각한다. 오늘 나의 시간당 생산성을 피크로 이끌어 올리기 위해 반드시 해야 하는 일은 무엇이고 마감해야 하는 것은 무엇인가? 이것이 약속을 지키는 것과 관련이 있다.

"나는 요즘 될 수 있으면 약속을 안 하려고 해요. 약속을 하면 지키기가 너무 어렵고 중간에 계속 새로운 일들이 치고 들어오니까 번복하게 되고, 그래서 계속 미안해지고….”

그렇다. 일상생활뿐 아니라 회사 업무에서도 지켜지지 않을 약속을 굉장히 자주 하게 되는데, 그중 하나가 업무를 적는 주간 보고서다. 보통은 많은 고민을 하지 않고 그냥 일단 적어서 취합하는 동료에게 내기 바쁜데, 일주일이 하루같이 빠르게 지나가는 요즘은 금세 다음 주가 되고 ‘어? 내가 지난주에 이런 업무를 하겠다고 써놨었네. 이런, 이건 결국 다 못할 게 뻔한 거였는데….’라고 속으로 혼잣말하게 되는 적이 솔직히 꽤 있을 것이다. 그렇다. 업무에서 공수표를 쓰거나 되지 않을 일에 공약을 남발하는 것을 멈추고 일 관리를 시작해야 한다.

맡은 업무를 기한 내에 납기하고 마무리하는 능력을 ‘마감력’이라고 정의해보자. 일 관리가 도통 되지 않을 때는 내 생활을 관리하는 나만의 관리 지표들을 적고 체크해보는 것도 좋은 방법이다.

나는 일의 마감능력이 자기 일상생활의 관리 능력과 상당히 관련이 있다고 생각한다. 즉 아침 출근 시간, 식사 습관, 그리고 나의 최근 3개월간 체중변화나 헤어스타일까지도. 보통 두 달에 한 번은 미장원에 가야 하지 않을까? 혹은 나보다 남이 더 많이 보는 손톱을 관리하는 것도 좋다. 매니큐어를 바르지 않을 거라면 짧고 단정하게 깎는 것이 남녀 구분 없이 좋지 않을까?

나의 모습은 나보다 남이 더 많이 본다. 나의 일상이 상쾌하게 관리되고 있다면 마감력은 높아질 수 있다. 회식이나 음주도 좋지만 지나친 과음이나 흡연은 좋지 않다. 또 회사에서 업무할 때 앉아 있는 자세 등 일상의 내 모습이 결국 두뇌활동이나 감정에 많은 영향을 준다고 생각한다.

유니클로 매장에서는 항상 매장 직원들이 왼손을 오른손 위에 올려놓고 선 채로 고객들을 맞이해야 한다는 에피소드를 읽은 적이 있다. 왜 그럴까를 후배와 토의해보다가 이것은 일상생활에서 긴장감을 주기 위한 것이 아니겠냐는 것으로 의견을 마무리했었다. 손님이 많이 오든 적게 오든 매장에 서 있는 직원들의 통일되고 긴장된 모습을 유지하기 위해 뭔가 불편한 제스처가 있는 것이 생산성에 도움을 주기 때문이 아닐까?

또 한 가지 마감력을 높이는 방법은 상사와 지속적으로 대화하는 것이다. 우리는 상사와 상의하면서 일하는 것에 익숙하지 않고 계속 지시를 받아서 그 일을 수행한다고만 생각한다. 그러나 내 업무를 잘 관리하는 방법은 그 업무를 지시한 상사와 계속 의견을 나누는 것이다. 이제 눈치챘겠지만 상사와의 관계가 매우 중요하다.

요즘 다시 느끼는 것은 후배들은 어릴수록 상사에 대해 굉장한 기대를 하고 있다는 것이다. 상사의 완성된 인격, 상사의 업무 전문성, 타 부서와의 관계 능력, 주요 경영진과의 관계 조율까지 말이다. 그리고 무엇보다 상사는 '자기'를 좋아해야 한다는 가설을 만들고 무한대의 기대를 하곤 한다. 이런 기대에 부응하는 상사를 만나기는 굉장히 어렵다. 상사에 대해 잘못된 가설을 만들고 관계를 스스로 상정한 어린 주니어 사원들의 경우 우선 업무를 제대로 수행하기 위해 이 일을 왜 제대로 하기 어려운가를 계속 상사에게 얘기한다. 그다음은 납기를 제때 못 맞추는 경우를 많이 보곤 한다. 그리고 이런 일들이 반복된다면 서로 좋은 관계에서 일하기 어려워지는 게 당연하다.

　어느 정도 미완성된 상황에서 아이디어부터 계속 상사와 대화해나가고 조율해가는 것이 더 좋다. 자신의 일을 표현하는 좋은 방법이기도 하다. 자신의 업무에 대한 잦은 노출은 스스로 행동에도 영향을 준다. 목표를 달성하는 사람들은 자신의 목표를 글로 적고, 자기 자신에게 약속할 뿐 아니라 사람들이 있는 곳에서 공표하는 습관이 있다고 한다. 주간 업무계획에 적고(면밀하게, 꼼꼼하게, 실질적으로), 내가 먼저 잘 읽어보고, 그다음 회의 때 팀장뿐 아니라 구성원들에게 공표한다. 그러면 나의 눈이 보고 귀가 듣고 머리로 인식할 뿐 아니라 다른 사람들까지 들었기 때문에 실행력이 굉장히 높아진다.

약속을 지키는 것은 신뢰를 높이는 가장 기본적이고 쉬운 길이지만 또 어려운 길이다. 신뢰를 형성하는 것은 어느 날 나의 감정을 폭발시켜서 상대방과 내가, 혹은 조직과 나 사이에 이뤄지는 것이 아니다. 일상에서 사소한 약속이 지켜지는 것이 출발이고, 그것은 내가 맡은 업무를 잘 마감해내는 것에서 시작한다.

내가 언제까지 무엇을 하겠다고 정하고, 실제 그날 그렇게 되어 있는 것이 약속을 지키는 것이다. 그리고 그것이 신뢰의 기본이라는 것을 잊지 말자.

성과를 행복한
고생으로
여긴다

우리는 그가 만드신 바라 그리스도 예수 안에서 선한 일을 위하여 지으심을

받은 자니 이 일은 하나님이 전에 예비하사

우리로 그 가운데서 행하게 하려 하심이니라.

(엡 2:10)

'그때가 그래도 좋았지.' 구조조정의 칼바람이 더욱 낮고 차갑게 어깨 위로 지나가는 연말연시. 페이스북, 카카오톡, 휴대폰 문자 등 각종 SNS를 활용하여 다양한 방법으로 고마웠던 사람들에게 마음을 전한다. 돌이켜보면 그래도 그때가 좋았다는 의미 안에 들어가 있을 우리의 속마음들을 하나씩 꺼내서 풀어보고 싶다.

회사를 다니며 가장 행복했던 순간을 떠올려보라고 하면 언제일까? 2년 차 사원들에게 질문했을 때는 첫 월급을 받았을 때와 첫 보너스를 받았을 때라고 한다. 수습 기간이 지나고 정식 사원이 됐을 때의 설렘과 함께 첫해가 지나고 받는 보너스는 회사생활의 즐거움을 더하는 것은 물론이다. 부모님 내복 사드리는 전통 같은 것은 지금도 젊은이들에게 작은 세리머니일 것이다. 부모로서는 자녀들이 비로소 경제적으로 독립한 성인이 되었음을 뿌듯하게 생각할 수 있다. 첫 월급을 부모님께 드리는 데 비해 첫 보너스는 해외여행을 가거나 자신들이 사고 싶었던 비장의 노트북이나 휴대폰 같은 것을 구매하기도 한다.

또 중견 사원들에게 물어보면 첫 업무를 받아 담당하게 됐을 때라고 한다. 늘 업무를 보조하는 입장에서 뭔가를 주도적으로 하게 됐을 때 기분이 좋을 수밖에 없다. 처음 뭔가 담당 업무를 받게 되면 승진한 것처럼 기분이 좋지만 부담이 되는 것도 사실이다. 처음 신임 대리과정을 진행하게 됐을 때 겨우 3년 차를 막 지나고 있었기 때문에 주변의 우려도 있었지만 자꾸 도전적인 일을 줘야 한다는 선배들의 과분한 기대 덕에 일을 단독으로 맡게 됐다.

대리과정, 정말 열심히 준비하고 시나리오도 다 써서 달달 외우고 했는데 결정적인 실수를 했다. 신임 승진과정에서는 누구나 보는 임원의 당부사항과 관련된 중요한 영상 시청이 있었는데, 당시에는 자료가 비디오테이프로 2개씩 연수원마다 배분됐었다. 하나는 30분, 하나는 90분짜리로 프로그램에 따라 적절하게 쓸 수 있게 편집된 것이었는데, 프로그램을 구성할 때 내가 진행하는 과정에서는 90분짜리를 쓰기로 했었다. 지금 같으면 비디오테이프를 2개 다 가져왔겠지만 그때는 무슨 자신감이었는지 한 개만 챙겼다. 당시 지도 사수는 "테이프 다 잘 나오는지 확인해봤지?"라고 여러 번 물어보셨는데 나는 "당연하죠!"라고 얼마나 자신 있게 대답했는지 모른다. 물품을 다 챙겨서 교육 진행하는 곳으로 갔다.

자만은 패망의 선봉이라고 했던가. 막상 잘 설명하고 테이프를 틀었는데 30분 만에 끝나고 말았다. '비디오테이프가 잘못됐나?'라고 생각하고 다시 틀어봤지만 결과는 같았다. 순간 주변이 정지된 것 같았다. 등에는 식은땀이 죽 흘렀고 어떻게 대처해야 할지 판단 능력마저 없어지고 말았다. 나를 안쓰럽게 여긴 신임 대리들은 스스로 좀 쉬다가 돌아와서 자율학습을 하기 시작했다. 일부 자체 휴식이나 업무를 챙기는 분도 있었다.

어떤 일을 뒷받침하는 입장일 때는 나도 다 할 수 있을 것만 같고 내가 하면 더 잘할 것도 같았는데 막상 내가 그 자리에 서 보니 그게 아니었다. 지루할 만큼 일상적이고 안정적인 일들이 순간적으로 모래알처럼 쑥 빠져나가는 느낌…. 안정적이던 그 기반은 어디로 갔는지 위태위태해 보이기도 한다. 그런 위태로움과 식은땀 나는 순간이 어쩌면 내가 자라는 시점일 수 있다. 그 자리에 직접 서보지 않으면 보이지 않는 것들이 많다.

오랫동안 우정을 유지하고 있는 여자 후배에게 회사생활을 하면서 제일 기억에 남는 때가 언제냐고 물었는데 그 후배는 만삭인 몸으로 비가 쏟아지는 장마기간에 합숙 훈련을 진행할 때라고 했다. 짐을 차에서 내려 카트에 옮겨야 하는데 비가 워낙 많이 와서 박스가 물에 젖었고, 우산이나 비닐로 미처 손을 쓰기도 전에 쏟아지는 비에 온몸이 쫄딱 젖었단다. 겨우 카트에 짐을 올리려는데 박스가 뜯어져서 짐이 다 쏟아졌고, 그걸 하나하나 다시 주워서 챙기고 마른 수건으로 닦고 젖은 책들을 말리고 나서야 숙소에서 대충이라도 씻을 수 있다고 한다. 만삭인 몸으로 자기 혼자서 움직이기도 쉽지 않았을 텐데 그 일을 혼자 끙끙대며 하느라 애썼을 모습이 눈에 선하다. 그리고 일 마무리를 다 해내고 출산휴가에 들어간 후배가 자랑스럽다.

"고생은 했지만 그때 그래도 제일 열심히 했던 것 같아요. 임신한 여자이기 때문에 원래 하던 일을 제대로 못한다는 소리를 듣기 싫었거든요. 그리고 마무리해냈을 때 정말 뿌듯하고 좋았어요."

SK 울산 화학 공장에서 불이 난 적이 있다. 그때는 늦은 시간이었는데도 불구하고 누가 먼저랄 것도 없이 소식을 들은 전 사원이 공장으로 달려와 양동이를 들고 릴레이로 물을 날라 밤새 불을 껐다고 한다. 울산 공장에서 일하시던 분은 회사에서 탁월하게 일을 해내시는 분이었는데 가장 행복했던 순간이 언제냐는 질문에 대해 "모든 공장 식구가 한마음으로 불을 껐을 때"라고 답했다.

행복에는 '고생'이라는 의미가 함께 들어가 있는 것 같다. 이제는 기업들도 이윤추구와 기업의 존속 발전에만 집중하던 경영에서 고객의 가치, 구성원의 행복에 대해 이야기하기 시작했다. 조직은 유기체다. 시스템이나 건물이 회사가 아니고 그 회사 내에서 일하는 구성원들이 만들어내는 가치를 고객들이 사는 것이다. 따라서 그것은 고객이 대가를 지불할 만한 것이어야 한다. 그리고 이것이 지속적일 수 있어야 한다. 만약 고객이 산 제품이나 서비스가 고객이 대가를 지불한 후에 배신감을 느낀다면 그다음 구매행동이 일어나지 않을 뿐 아니라 한 명의 화난 고객이 만들어내는 안티 파급효과는 실로 대단하다. 따라서 회사에서 일하는 구성원이 행복해야 고객도 행복하다는 것이 최근 가치 경영의 대세다.

결혼할 때 일반적으로 남자들이 구애를 한다. 남자들은 반지나 꽃 등 다양한 오글거리는 청혼 이벤트를 준비한다. 여기서 이벤트보다 중요한 것은 결혼에 대한 확신이다. 이 결혼에 대해 굳은 믿음과 의지를 가지고 있는가다. 만약 청혼하는 사람이 '나는 결혼을 한번 해보면 좋겠다고 생각하는데 당신은 어떤지 한번 생각해봐요. 아니면 말고!' 하는 식으로 확신이 없다면 그 청혼은 받아들여지기 어려울 것이다.

구성원의 행복도 이와 비슷하다고 생각한다. 내가 일하고 있는 회사에서 만들어내는 제품과 서비스가 고객이 대가를 지불하고 구매하기에 충분한 가치가 있다고 느끼고 믿음을 갖는 것, 이것이 고객에게 흘러가는 것이 무엇보다 중요하다.

'행복하다.'는 말은 사람에 따라 굉장히 차이가 난다. 최근에는 회사에서 받는 스트레스가 너무 심해서 심리 치료 상담을 병행하고 있는 회사원도 상당수라는 이야기를 들은 적이 있다. 특히 분노에 대해 조절이 안 되어서 감정조절이 너무 어렵다는 것이다.

어떤 사람에게는 지금의 삶이 너무 부족하다. 다른 사람과 비교해보면 승진도 늦었고, 주식과 부동산에도 실패했고, 현금도 못 모았고, 남들 애들은 공부도 잘해서 대학도 척척 가는데 우리 집 애는 공부에는 영 관심이 없어 보인다. 또 어떤 사람에게는 지금의 삶이 과하고 넘치는 과분한 삶이다. 늘 감사하기 때문에 다른 사람들에게 나눠주고 내가 가진 것을 덜어줘도 늘 넉넉하다.

나의 가치가 어디 있는가에 따라 행복의 기준과 모양이 크게 달라질 것이다. 회사에서의 행복은 무엇일까? 월급을 많이 받는 것, 승진하는 것, 월급이 오르는 것, 큰 집에 살게 되는 것, 아이들이 공부를 잘하는 것, 스펙 좋은 배우자를 만나 신분과 함께 삶도 상승되는 것 등이 요건이 될 수 있을 것이다. 그러나 회사에서의 행복에는 근본적으로 '고생'이라는 의미가 함께 들어가 있다. 다시 말하면 앞서 나열한 행복의 요건은 결과적으로 따라오는 것이다. 행복은 '과정'에 대한 문제라는 이야기다.

목표를 달성하기 위해 회사에서는 매일 치열한 회의와 두뇌 짜내기가 일어난다. 일에 대한 치열한 회의가 연속된다. 숫자가 인격이라는 말이 나올 만큼 목표를 달성하는 것은 기본이다. 어떤 분은 월말과 월초가 돌아올 때마다 집에 가서 침대에 누우면 천장이 엑셀 프로그램의 스프레드시트로 변한다고 한다. 그리고 그것을 어떻게 채워야 하는지 꿈을 꾼다고 한다. 전쟁에서는 일단 이기고 살아남아야 그다음 이야기를 할 수 있듯이 날마다 매시간 단위로 펼치는 실적 싸움은 겪어보지 않은 사람은 결코 알 수가 없을 것이다.

그렇다면 우리는 왜 그렇게 목숨을 걸고 힘겹게 일을 해야 하는 것일까? 일은 우리에게 단순히 먹고사는 문제를 넘어서는 것이다. 일을 통한 성취감과 소속감은 가정과 학교를 떠난 성인에게 새로운 정체성을 준다. 회사에서 R&R(역할과 책임, Role and Responsibilities)이 모호할 때, 내가 무슨 일을 해야 하는지 모를 때 구성원들은 다양한 반응을 보이게 되는데 대부분은 혼란과 불안, 분노 등의 감정을 표출한다. 그 이유는 스스로 인식하고 있는 자아에 대한 정체성이 흔들리기 때문일 것이다. 그만큼 일은 큰 의미를 가지고 있다.

고생고생해서 탄생한 서비스가 휴대폰에 탑재되어 고객이 쓰기 시작할 때, 새로 개발한 앱의 다운로드 수가 높아질 때, 온 팀원이 여름에 피서지에서 판촉한 결과로 포상을 받고 함께 회식하면서 기쁨을 나눌 때, 그간 고생한 기억들은 진한 감동으로 밀려온다.

언젠가 변화관리 프로그램으로 뮤지컬을 기획한 적이 있다. 지금 생각해보면 어떻게 그런 기획을 했는지 참 대단한 도발이라는 생각이 든다. 그때는 회사의 변화와 돌파가 진정성 있게 리더와 구성원에게 전달되어 정말 변화가 일어나기를 진심으로 바랐다. 함께 일하던 멤버는 단 셋. 거의 매일 새벽까지 토론을 하곤 했다. 셋은 서로에게 매일 지치지 않고 시나리오와 변화 과제를 검토할 수 있게 해주는 동력이 되었다. 주말에는 뮤지컬 연습을 하고 있는 배우들에게 찾아가서 함께 대본을 보며 하나하나 장면을 만들었다. 고생이 고생같이 느껴지지 않던 시절이었다.

다시 행복으로 돌아가보자. 왜 그런 고생을 했는가? 내면의 열정이 우리를 흔들었고 함께했던 동료와 선배를 다 같이 감쌌었다. 혼신의 힘을 다해 함께 하나의 목표를 향해 전진했던 일의 과정, 그 고생을 무엇과 바꿀 수 있을까? 비교하기 힘든 성취감과 기쁨, 내가 단순히 회사의 실적 향상과 성장을 위한 또는 어느 한 리더의 공을 세워주기 위한 도구로 전락한 것이 아니라 한 일체로 움직였던 것, 또 나의 성장. 이것들이 회사에서 발견할 수 있는 행복일 것이다. 이 행복이 고객들에게 흘러가는 것, 나의 고생이 밴 서비스로 고객이 행복한 것이 또한 함께하는 기쁨이 될 수 있을 것이다.

비에 젖은 교육 자재들, 불에 타는 공장, 밤새운 동료의 초췌한 얼굴, 그렇지만 빛나는 눈빛. 함께 일하는 동료, 선후배와 동행하는 행복한 고생 길을 기억한다. 그 추억이 바로 어제 일처럼 떠올라 고맙고 절로 흥이 날 줄이야.

팀장의
뒷모습을
이해한다

서로 친절하게 하며 불쌍히 여기며 서로 용서하기를

하나님이 그리스도 안에서 너희를 용서하심과 같이 하라.

(엡 4:32)

· · · ·

　근래 들어 각종 영화제나 시상식에서 여배우의 드레스 뒤태가 얼마나 아름다운지가 뉴스거리가 되고 있다. 요즘처럼 뒷모습이 자주 매스컴에 등장하는 때가 있었나 싶을 정도다. '반전뒤태'라고 해서 앞모습은 얌전한 디자인인데 뒷모습은 파격적이어서 은근히 사람들의 기대를 높여주기도 한다. 앞모습만 예뻐서 되던 시대에 비해 뒷목선과 등도 예뻐야 하니 미인 반열에 들기가 더욱 어려워진 시대다.

　요즘같이 바람이 많이 불고 추워지는 날, 팀원들과 같이 밥 먹으러 나가는 남자들의 뒷모습이 여러 가지를 말해준다. 많은 남자들이 늘 바지 주머니에 두 손을 넣고 어깨를 움츠린 채 앞에서 불어오는 바람을 맞으며 서둘러 걷는다. 오래 함께 일해서 같이 나이 들어가는 동료와 상사의 뒷모습을 보고 있으면 많은 생각이 들곤 한다.

실적 때문에 깨지는 모습, 상사의 비위를 맞추는 약간은 비열한 모습, 예전에 어땠다며 과거의 영광을 무한 반복하는 그런 모습들을 앞모습이라고 한다면 뒷모습은 이 모습들과는 정반대일 것이다. 걱정, 자신 없음, 배신감….

"팀장이 되고 나면 달라지는 게 뭔가요?"

신임 팀장 교육을 준비하기 위해 연차가 좀 된 팀장들을 인터뷰하며 물었을 때 나온 대답들이 재미있다.

"어제까지 같은 동료였는데 팀장이 되고 나면 굉장히 오랫동안 팀장이었던 사람처럼 생각하는 게 당황스러웠죠. 갑자기 많은 보고서가 사내 메일이나 쪽지로 날아들어옵니다. 그중 대부분은 곧바로 의사결정을 해야 하는 것들입니다. 한 시간 전에 쪽지로 보내놓고는 금방 프린트해서 옵니다. 그러고는 시간 되냐고 물어보고 가이드나 방향을 달라고 하죠."

"임원분과 다른 팀장들과 회의를 하다 보니 정작 팀원들과 식사할 시간이 줄어들게 됐는데 저보고 되게 변했다고, 그렇게 상사 지향적인 사람인 줄 몰랐다고, 그러니까 승진했다는 식으로 보니 당황스럽고 마음이 안 좋죠. 아마 제가 팀원들과 더 자주 식사를 했다면 저보고 주변 관리 못하는 무능한 팀장이라고 했겠죠."

신임 팀장들에게 팀장 통보를 받았을 때 제일 처음 드는 생각을 다섯 글자로 표현해보라고 했더니 가장 많이 나왔던 것이 "올 것이 왔다."였다. 그만큼 요즘 기업에서 팀장은 반드시 거쳐가야 하지만 그만큼 부담이 큰 자리다.

신임 팀장이 되면 그동안 자신들이 그 자리까지 갈 때 거친 모든 선배 리더의 리더십을 종합하여 자기 자신만의 리더십을 발휘해보고 싶어 한다. 그래서 가장 다양한 활동을 많이 하는 것이 그 시절이다. FM대로 해보겠다면서 코칭 시간에 배운 적극적 경청, 구성원에게 공감해주고 말 끊지 말아야겠다고 결심하지만 자기가 쓴 보고서가 무슨 보고서인지도 모르고 작성해온 준비 안 된 구성원의 횡설수설을 듣노라면 '아, 이건 끊어주는 게 맞다.'는 생각이 절로 들게 마련이다. 그래서 보고하는 사람은 늘 상사에게 결론부터 보고해야 하는 것이다. 자초지종을 세세하게 풀어내는 것은 사실 조직 내에서 상당히 비효율적인 커뮤니케이션 방법이다.

한 여자 팀장은 항상 삼겹살에 소주 파티인 전형적인 팀 회식 문화를 젊은 팀원들에 맞게 바꿔보려고 팀이 함께 영화를 보고 간단하게 맥주를 마시러 가기로 하고는 어떤 영화를 볼 것인지 팀원들에게 의견을 구했다고 한다. 그러자 개인마다 취향이 너무 달라서 결국 의견을 하나로 모으지 못하고 두 개 그룹으로 나뉘어 다른 상영관에서 봤다고 한다. 영화 끝난 후 몇몇은 집에 일찍 간다며 돌아갔고, 반 정도 되는 인원만 남아서 썰렁하게 보냈다며 팀 회식 한 번 하기가 이렇게 힘든지 몰랐다고 하소연을 했다. 이렇게 팀원 시절에는 전혀 느끼지 못하고 무심코 지나갔을 한 번의 팀 회식이 마음을 다해 준비한 초보 팀장에게는 호된 신고식이 될 수도 있다.

과장 시절에 몹시 따르던 팀장이 있었다. 그 팀장님은 사소한 보고서도 그냥 지나치는 법이 없었다. 사사건건 팀원들의 작은 보고서에도 언성을 높이며 하루 종일 씨름을 하곤 했다. 어디서 그런 에너지가 나오는지 모를 정도였다. 그 덕분에 당시 우리 팀은 무척 시끌시끌했었다. 당시 팀장은 어떻게든 본인의 쏟아지는 질문에 잘 대처하면 그 윗분에게는 자기가 통과시켜주겠다는 강한 의지와 자긍심으로 똘똘 뭉쳐 있었다. 그래서 오히려 "그냥 결정해주시는 대로 하겠습니다."라고 순응하는 팀원은 일하기가 몹시 어려웠다. 시키는 대로 하는 걸 좋아하는 리더십에 겨우겨우 길들여놨더니 이제는 '네 생각을 말하지 않으면 안 된다.'고 하니 회사생활이 쉽지 않다고 말하곤 했다. 좋은 점은 일과 관련해서는 감정이 서로 상하더라도 뒤끝이 없다는 것이었고, 실무 담당자의 소신과 팟대 세우는 의견을 존중했다는 것이다.

잘 맞는 팀장이 있으면 잘 맞지 않는 팀장도 있다. 나는 사람마다 서로 주파수가 다르다고 생각한다. 어떤 사람에게는 아무렇지도 않은 이야기가 또 다른 사람에게는 너무나 불쾌한 이야기가 되곤 한다. 어떤 사람은 생각을 정리한 다음에 말해야 하지만 어떤 사람은 말하면서 생각이 떠오르기도 한다. 일을 하는 방법도 리더에 따라 다르다.

나를 좋아하지 않는 팀장과 화해한 적이 있다. 꽃노래도 세 번이면 듣기 싫다는 말이 있듯, 아무리 바른말을 하는 사람이라도 듣기 싫은 말을 계속 반복하면 그 사람을 피하고 싶게 마련이다.

어느 순간 중요한 일에서 제외되고 분위기가 심상치 않다고 느꼈을 때 나는 분노했었고 주변에 많이 그 얘길 토로했었다. 그러자 지금은 캐나다에 가 있는 내 친구가 나한테 말했다.

"너는 왜 그 사람에게 인정받으려고 하니? 모든 팀장이 다 너를 좋아할 수는 없어. 더 이상 부정적인 영향을 받지 마."

나는 그 충고를 나의 내면에서 올라오는 소리로 받아들였다. 그리고 그것을 끊기로 했다. 나는 그때 생각도 습관처럼 계속 같은 패턴이 올라오고 내 감정에 영향을 준다는 사실을 알게 되었다. 주변 상황에 크게 민감하지 않기로 결심하자 내가 하는 일에 다시 집중할 수 있었다. 관계도 서서히 회복되어갔다. 사실 누구도 나에 대해서 내가 생각하는 것처럼 민감하고 깊게 생각하지는 않는다. 회사의 좋은 점은 감정적으로 얽혀 있는 것들은 일에 집중해서 협력하기 시작하면 의외로 자연스럽게 소멸되는 것이 많다는 점이다.

시간이 필요한 일들 중에는 성급하게 결정하려고 하지 않고 기다리면 해결되는 일들이 있다. 나를 좋아하지 않고 공정하지 않게 대한다고 생각했던 팀장님은 지금은 가장 많이 생각나는, 나를 따뜻하게 기다려주었던 팀장님이 되었다.

조직개발팀에서 일한 적이 있다. 조직개발팀을 담당하던 팀장님은 조직개발팀의 미션은 모든 조직의 개발을 완성한 후 해산하는 것이라고 했다. 명언 중의 명언이었다. 회사 내에서 조직개발팀이 존재한다는 것은 조직 개발이 필요하다는 뜻이니 미션을 완수하지 못했다는 것이기 때문이다.

당시 우리 팀에서는 업무 노트라는 것을 써야 했다. 이것은 팀장의 조직관리 방법이었다. 많은 조직에서 월례, 주례 회의 자료를 쓰듯이 내가 일하던 회사도 그 양식을 썼는데 그것은 매우 혁신적인 것으로 아주 간단하고 쉬워서 모든 사람이 이해하고 사용할 수 있는 양식으로 되어 있었다. 하지만 단점은 그룹 단위로 함께 일하는 사람들의 일이 개인적으로 변별이 되지 않는 것이었다. 그뿐 아니라 각 업무가 성공하기 위한 핵심요건(Key factors for success)과 결과의 모습이 나타나지 않아도 되기 때문에 일을 하지 않아도 일을 하는 것처럼 보이게 되고 문제가 있어도 테이블 밑으로 숨길 수 있게 되는 것이다. 이 부분에 착안한 조직개발팀장은 업무 노트를 써서 우리 팀부터 일하는 방법의 혁신을 이루어가자고 했다.

그런데 이 업무 노트를 가장 못 쓰는 사람이 바로 나였다. 나는 이 노트에 어떤 말을 써 넣어야 하는지 이해하기가 어려웠다. 매주 반복적으로 지적을 받아도 계속 틀리고 계속 지적받자 이제는 에라 모르겠다는 포기 상태로 대충 써서 회의에 들어간 후 버티기도 했다. 지금 생각해보면 나는 아마 그 당시 업무 몰입이 상당히 떨어지는 시기였던 것 같다. 결국 업무 노트에는 숨을 구석이 없이 나의 모든 과업 진행상태가 드러나게 되었으니 말이다.

어느 날 이 업무 노트를 그래도 혼나지 않을 만큼 쓸 수 있게 되자 아쉽게도 조직개발팀은 실제로 해산이 되었다. 하지만 나는 그때 결심한 것이 있다. 내가 나중에 리더가 되면 반드시 팀 관리를 이 업무 노트로 해보겠다는 것이다. 그때만큼 팀에 대해서, 과제에 대해서, 분장과 협력에 대해서, 그리고 조직 내 일하지 않는 채 일하는 것으로 존재하는 쓰레기가 얼마나 많은지를 배운 적은 없었던 것 같다.

똑똑한 실무자들은 무능한 팀장을 탓한다. 나는 후배들과 어울리는 것을 더 좋아하는 성향이라 같이 일하는 팀장들을 소재로 많은 얘길 하며 즐거운 때를 보낸 적도 많았다. 속으로 '아! 아직도 이렇게 씹을 수 있는 상사가 있다니 얼마나 감사한 일인가!'라고 생각하면서 말이다. 언젠가 나는 옛 동료에게 회사에서 너무너무 스트레스를 받아서 살 수가 없다고 얘기한 적이 있다.

"나는 정말 스트레스를 많이 받아요. 머리카락이 얼마나 빠지는지 몰라요."

"그래요? 일 때문인가요? 아니면 같이 일하는 사람?"

"우리 팀장 때문이죠!"

"아, 저런. 그럼 어떻게 푸나요? 매일 보는 사람일 텐데 힘들겠네요."

"그야 팀장에게 막 해대지요. 치받고 들이받고요."

"뭐라고요? 에이, 그럼 그게 뭐가 스트레스 받는 거예요? 팀장한테 그런 말을 할 수 있는 사람이 몇이나 된다고!"

나는 그제야 어렴풋이나마 '내가 얼마나 함께 일하기가 어려운 부하사원인가.'를 깨달으며 혼자 웃었다. '그렇지. 나도 만만한 사람은 아니지.'라고 말이다.

우리는 늘 앞을 보고 달려간다. 경주에서 옆이나 뒤를 보면 이기기 어렵기 때문이다. 앞모습은 많은 것을 포장할 수 있어서 좋다. 억지로 웃을 수도 있고, 여자들은 화장도 할 수 있고 준비

할 수 있기 때문에 나를 보여주기 위한 시간도 벌 수 있다. 어찌 보면 회사 내에서의 관계는 많은 부분 앞모습의 관계다.

그러나 우리의 뒷모습은 진실이다. 꾸밀 만한 여력이 다들 없으니까. 아직 뒷모습에도 화장을 하기에는 미치지 못하는 것 같다. 리더십 교육을 오래 하다 보니 실무자에서 팀장을 거쳐 어느덧 임원 자리에까지 가 있는 분들을 만나게 된다. 커다란 계단식 강의장에 앉아 있는 사람들의 뒷모습을 보고 있자면 머리가 희끗희끗할 뿐 아니라 어느덧 듬성듬성 빠져서 머릿속이 드러나도록 숱이 적어진 분도 있다.

시간이 지난 흔적, 치열했을 경쟁, 또 배움과 성취와 상처들. 우리의 뒷모습은 숨기지 못하고 솔직함과 약함을 드러낸다. 오늘은 지나간 선배들이 더욱 생각난다. 어디서 제대로 자리 잡고 일은 하고 있는지 늘 챙기고 걱정하는 사람은 언제나 후배보다는 선배다. 바람 부는 날 생각나는 뒷모습. 그때 같이 일했던 시절이 얼마나 소중했는지 미처 다 전하지 못한 마음을 고백하고 싶다.

늦었지만 고맙습니다.

상대방의
의도를
파악한다

교만이 오면 욕도 오거니와 겸손한 자에게는 지혜가 있느니라.

(잠언 11:2)

· · · ·

2015년은 아우슈비츠 해방 70주년이 되는 해다. 테렌스 데 프레는 아우슈비츠 같은 수용소에서 살아남은 생존자들의 행동을 보면 '유별나게 완강한 의지력, 일반적인 희망보다 더 강한 의지와 열화와 같은 힘, 단적으로 말해 생명력 그 자체라고밖에는 표현할 수 없는 힘의 원천'이 있다고 말했다.

모든 것을 박탈당하고 있다 하더라도 아무도 건드릴 수 없는 자신에 대한 존엄, 그 도덕적 자부심을 지켜가는 것, 그래서 쉬이 굴종하지 않고 거부하며, 이를 통해 세상과 소통하는 법을 아는 것, 그것이 삶을 진실하게 대하려는 양심적 태도라는 것이다.

변화에는 흔히 두 단계가 있다고 한다. 1단계는 그냥 변한 척(Faking)을 하는 것이다. 즉 변화의 방향에 대해 동의를 하고 홍

내는 내지만 실은 예전 것을 유지하고 그대로 하고 있는 것이다. 이것은 우리의 멘탈 모델 때문이다. 그 루프 안에서의 학습이 우리를 지켜내고 일의 성과를 냈던 강한 기억 때문에 우리는 그러한 행동 패턴을 반복하게 된다. 수많은 리더십을 배웠지만 아직도 리더들의 가장 좋은 리더십 발휘의 실천적인 방법론은 '쪼기'다. 계속 확인하고 될 때까지 '쪼는 것' 말이다.

초등학교 선생님들은 소란한 아이들을 진정시킬 때 칠판을 곤봉으로 쾅쾅 두 번 정도 두들긴다. 이때 아이들은 순간적으로 정지하고 동그래진 눈으로 선생님과 칠판 쪽을 본능적으로 바라보게 된다. 이때 아이들의 몸에 기억되어 있는 감정은 아마 '엇, 지금 계속 떠들면 혼날 거야!'이거나 '야! 모두 조용히 하자. 선생님이 더 떠들면 안 된다고 얘기하고 있잖아!' 아니면 '어? 선생님 화났다.'일 것이다. 이것을 누가 가르쳐준 적이 있던가? 선생님도 아마 자신이 초등학교 학생일 때 선생님한테 배운 유전적 기억들일 테니 말이다.

그러므로 변화에 진지하게 동의하고 정말 변화를 하려면 2단계인 변화 차원으로 진입해야 한다. 변화학자는 'Burning the platform'이라는 표현을 쓴다. 불타는 갑판에서 바다로 뛰어내리는 것을 말한다. 휘몰아 도는 바람과 무서운 바닷속으로 우리가 뛰어들 수 있을까? 구명조끼를 입고 바다에 몸을 던지는 위험을 감수하기는 정말 어려울 것이다. 그러나 그냥 거기에 있으면 불타는 갑판과 함께 배가 가라앉는다는 확신이 있어야만 사람들은 살기 위해 바다로 뛰어들고, 그때 우리의 학습 구조와 모델은 진실로 바뀌게 되는 것이다. '아, 쪼는 것으로는 되지가 않는구나. 일하는 방법이 바뀌어야 한다. 리더십이 바뀌어야 한다.'는 것을 말이다.

MBTI라는 성격 진단 Tool은 사람들의 성향을 4가지 기질에 근간하여 16가지로 분류하고 있다. 마이어스와 브리그스는 어머니와 딸의 관계인데, 이 가정은 무려 3대에 걸친 종단 연구를 통해 경험적 자료를 수집하여 이 Tool을 완성했다. 여기에 보면 사람들의 성격이 행동으로 어떻게 표출되는지가 잘 나타난다. 즉, 어떤 상황에서 일반적으로 사용하는 오른손과 같은 행동이나 의사결정의 선택이 무엇인가이다.

외향적인 사람들은 다양하고 넓은 관계를 지향한다. 그리고 생각을 하고 글로 적기보다는 말하면서 생각을 정리한다. 외향적인 사람들은 혼자서 무엇을 하기를 굉장히 어려워한다. 공부도 팀플레이로 하는 것을 좋아하고 계속 말을 한다. 회의 때도 말을 하면서 생각이 발전한다. 반면 내향적인 사람들은 무슨 말을 어떤 타이밍에 해야 할지 생각하다가 회의가 종료되는 경험을 자주 한다. 그리고 말한다. "아. 오늘도 이 얘길 미처 못 했네."라고.

어떤 갈등 상황일 때 외향적인 사람들은 직접 표현을 한다. 그 것이 분노든, 아니면 자신의 입장을 말로 전달하는 것이든 외향 적인 사람들이 어떤 상태이고 입장인지 파악하기는 그다지 어렵 지 않다. 물론 이해하고 공감하는 것까지는 어렵겠지만 말이다.

그러나 외향성이 강한 사람이 자신의 감정이나 방법을 계속 직접적으로 표출하거나 자신의 뜻을 관철시키려고 강한 입장을 고수해왔다고 치자. 어떤 상황들에서 이것들은 통했을 것이다. 상사에게도 후배에게도 동료에게도 말이다. 팀이 바뀌고 구성 멤버가 바뀌어서 만약 이러한 방법이 더 이상 받아들여지지 않 는 상황이 되었다면 이 사람들은 어떻게 할까?

예를 들어 상대방이 본인보다 훨씬 외향적이고 주도적인 사람 이어서 외향적 제스처를 반항의 코드로 받아들인다면 아마도 쉽 게 해결되지 않는 갈등이 이어질 것이다. 혹은 상대방이 강한 내 향이어서 이러한 외향의 반응에 대해 불편함을 느껴 회피한다면 외향들의 초기 반응은 더욱 세게 혹은 더욱 빈번하게 자신의 입 장과 생각을 주장하겠지만 결국 그것이 받아들여지지 않는다는 것을 알 때 비로소 내면에서 철수가 일어나게 된다.

이러한 경우 흔히 내면의 상처를 경험하고 왜 이런 일이 일어 나는지 이해할 수 없어지는데, 이때 우리는 비로소 새로운 학습을 하게 되는 것 같다. 새로운 커뮤니케이션 방식, 상황에 대한 새로운 인지적 학습과 반응을 만들어야 하는 것이다.

우리는 반응을 선택할 수 있다. Stop(멈추기)-Think(생각하기)-Choose(선택하기) 단계로 말이다. 어떤 반응을 즉각적으로 하기 전에 3초라는 시간을 잡는다면 우리는 생각보다 쉽게 우리의 반응을 선택할 수 있을 것이다.

어떤 사람은 물 컵에 물이 반이나 담겨 있다고 긍정적으로 생각한다. 또 어떤 사람은 물 컵에 물이 반밖에 남아 있지 않다고 생각한다. 긍정적인 생각이 부정적인 생각보다 낫다고 하지만, 사실 이보다 더 발전적인 것은 바로 성장 지향적인 생각이다. 물 컵에 물을 반 더 채워야 한다는 것이 바로 그것이다.

어떤 노동이나 부가적인 짐이 아니라 아직도 성장하고 성숙하기 위해 우리가 반이나 더 남았다는 것을 생각한다면 남은 인생은 매우 풍요로워질 것이다. 내 인생이 아직도 반이나 남아서 나를 더 채워야 한다고 생각한다면, 지금 당장 눈앞의 실적이나 상황에 급급하게 매이지 않을 수 있을 것이다.

업무에 대해 타 팀과 협력하게 되는 경우가 종종 있다. 대부분 실무자들은 자기의 업무에 대해 명확한 가이드와 역할 구분을 원한다. 결국 사람들은 나에게 관심이 제일 많기 때문에 내가 어떤 일을 하게 되고 어떤 방법으로 일하면 되는지가 분명하길 원하는 것이다.

그런데 상사들의 입장은 조금 다른 것 같다. 담당 임원인 경우 본인 수하에 있는 조직원들이 설사 같은 프로젝트에 동시에 투입되어서 실무자가 보기엔 KPI(핵심성과지표, Key Performance Index)나 과제의 오너십이 어느 팀이나 파트에 있는지 궁금한 반면 누가 일하든지 상관없어할 수도 있다.

사회적으로 리더십에 대한 문제가 제시된 것은 꽤 오래된 일이다. 오늘날의 리더십은 꽤 많은 이론으로부터 공격을 받고 있다. 한 사람의 리더에게, 또 그 자리에 앉아 있는 리더에게 놀라운 탁월함을 요구하기도 한다.

그러나 오늘날의 리더는 솔직히 리더십 발휘가 어렵다. 10여 년 전보다 회사 다니기가 어려워졌기 때문에 우리는 그 이전에 쓰던 방식으로 리더십을 발휘하고 있다. 언뜻 보기에 이 방법은 효과가 좋아 보인다. 당장 구성원들이 긴장하고 일하는 것처럼 보이기도 한다. 그런데 이것이 오래갈 수 있을까? 리더도 마찬가지로 어떤 반응에 대한 선택을 해야만 한다. 상황에 대해서 우리는 다양한 선택을 할 수 있다. 어떤 반응이든 우리에게는 선택할 수 있는 능력이 있다는 것이다.

화를 내지 않고 내가 하고 싶은 말을 하면서도 상황을 불리하지 않게 내 쪽으로 끌어올 수 있는 방법이 있다. 커뮤니케이션 전문가들은 중립언어를 사용하라는 말을 한다. 얘기를 할 때 감정이나 나의 판단을 섞지 말고 정말 사실적인 것만 말하라는 것이다. 그래야 상대방도 어른스럽게 중립언어를 사용할 수 있다고 말한다.

최근에도 미국에서 경찰의 과잉 진압으로 흑인 소년이 숨지자 인종차별에 대한 이슈가 제기되어 들끓었던 적이 있다. 1960년대에 흑인들의 분노가 폭동 수위에 이르자 비로소 '공격적인 메시지(Assertive message)'라는 개념을 만들었다. 그것은 말하고 싶은 것을 참지 말고 말하고 싶은 때에 화내지 않은 상태에서 말하라는 것이다. 이 개념은 기업 내에 비즈니스 커뮤니케이션 방법으로 많이 채택되었다. 특히 우리나라에만 있다는 '화병' 발생을 막는 유일한 방법은 참지 않고 차근차근 말하는 것이다.

여직원들과 면담할 때 보면 흔히 여직원들은 쉽게 울컥하면서 눈물을 흘리곤 한다. 여자의 눈물은 무기라는 말도 있긴 하지만 좀 더 성숙한 조직원으로서 감정을 최대한 절제하고 이야기하는 것도 필요하다.

2011년 3월 11일 일본에 쓰나미가 일어났을 때 일본인들이 보여준 절제와 질서는 매우 놀라웠다. 아무것도 남지 않았지만 최대한 절제하고 가족들이 곧 돌아오기를 바란다고 또박또박 말하는 모습은 우리의 문화와는 많이 달랐다. 그 모습을 보며 정말 대단하다는 생각을 많이 했다. 왜 울지 않을까, 왜 소리 지르지 않을까, 왜 싸우지 않을까.

우리는 많은 시간을 조직 내에서 보낸다. 회사를 20년 동안 다닌 나의 삶에는 회사를 안 다닌 시간엔 뭘 했는지, 또 만약 회사를 안 다닌다면 뭘 해야 하는지 모를 정도로 회사와 조직이 배어 있다. 회사에서 나는 나에게 맡겨진 일을 끝까지 자기 완결적으로 수행하는 책임감, 그리고 과제를 해결하는 문제해결방법을 배웠다. 무엇보다 사람과 사람 사이에 필요한 소통에 관해 날마다 배우고 익혀왔다. 일이라는 것은 단독으로 존재하는 것이 아니고 사람과 사람이 얽혀서 존재한다. 그래서 소통이 어렵다. 이것은 평생 연마한다고 해도 어떤 경지에 다다를 수 없는 것이라는 생각이 든다.

한 지인이 이스라엘에 일급 장애인 봉사를 하러 갔다. 거기는 다양한 중증 장애를 앓고 있는 장애인들이 많다고 했다. 그분은 가끔 나에게 문자를 보내주곤 했는데 자기가 돌보는 장애인은 매일매일 만나는 자신을 알아보지 못한다고 했다. 심지어 귤을 먹여주려고 귤을 까서 입에 가져다주면 자기 손을 물기도 하고, 옷을 갈아입히려고 하면 때리기도 한다고 했다. 자신을 정말 사랑해서 조건 없이 돌보고 있는 사람의 제스처나 의도를 전혀 알아차리지 못하고 오히려 반대로 인식하기 때문에 그런 일이 일어난다고 했다.

어느 날 지인은 자신이 돌보던 장애인의 장례식에 다녀오는 길이라고 문자를 보내왔다. 그날은 우연히 한국에도 비가 내렸다. 나는 진심으로 그가 슬퍼하고 있다는 것을 느꼈고 같이 울고 말았다. 나의 슬픔은 소통에 대한 좌절이었다. 관계에 대한 공허감 같은 것이었다.

매일 만나서 같이 일하는 사람들이 무슨 의도로 말을 하는지 알아차리지 못할 뿐 아니라 극도로 오해하고 또 제대로 의도를 설명하지 못하는 일이 얼마나 많단 말인가? 또 우리가 같은 조직 내에서 함께 매일 얼굴을 보고 일하고 밥도 같이 먹는 사람들의 진짜 모습을 알고 있는 걸까? 사실 매일 해야 하는 업무와 달성 목표들은 우리의 이런 '불통'을 합리화해준다. 또 무심하게 지나치는 매일의 일상은 우리가 서로를 얼마나 목적이 있는 대상으로 대하고 있는지를 알게 해준다. 무심함, 또 단절.

우리는 조직에서 살아남아야 하지만 또 이런 상황에서 서로를 대하는 방식과 반응을 선택해야 한다고 생각한다. 서로가 얼마나 실재 존재하는 생명체인지 말이다. 존재적으로 실존하고 있는, 숨 쉬고 있는 사람으로서 말이다.

나는 선택하고 싶다. 상황에 대해 멈추고, 생각하고, 상대방의 존재를 인식해주고, 진심으로 대하는 것을.

13

필요할 때는
도움을 요청할
줄 안다

형제여 성도들의 마음이 너로 말미암아 평안함을 얻었으니

내가 너의 사랑으로 많은 기쁨과 위로를 받았노라.

(몬 1:7)

· · ·

'열정의 바람'이라는 근사하고 마음 설레는 표현이 담긴 도움에 관한 짧은 스토리를 읽은 적 있다. 어느 소박한 레스토랑에서 한 손님이 겪은 이야기인데 온통 만원인 곳에서 겨우겨우 한 자리 얻어 앉은 이 손님은 그냥 얼음물이 아닌 콜라가 마시고 싶었다. 그런데 마침 콜라가 떨어졌다고 했다. 잠시 후 웨이터가 시원한 콜라를 한 잔 가져다주었다.

"아, 아까 콜라가 떨어졌다고 하지 않았나요?"

"네. 옆 가게에서 사왔습니다."

"그래요? 이 바쁜 시간에 서빙도 바쁠 텐데 언제 다녀왔나요?"

"아, 제가 저희 팀장님한테 1달러 드리고 사다달라고 했습니다."

보통 이런 상황에서는 웨이터가 나가서 사온 콜라 한 캔이 고객을 만족시킨 이야기가 대세지만 이 이야기는 약간 기대를 뛰어넘는 부분이 있다. 그것은 이 영리한 웨이터가 자신의 팀장에게 업무를 지시했다는 것과 그 상사가 부하의 지시에 성실하게 응해서 콜라를 사왔다는 것이다.

이 팀은 자신들의 업무에 대해 본질과 목표를 충분히 공유하고 신뢰를 형성하고 있다는 것을 언뜻 봐도 알 수 있다. 수직적 관계가 아닌 상하좌우의 관계가 능동적으로 목표를 향해 움직이고 있는 것이다.

'돕는다.'는 것을 흔히 봉사활동처럼 나보다 곤란한 처지에 놓인 누군가에게 보탬을 준다고 생각하기가 쉽지만 여기서는 팀워크를 강화하고 조직을 더욱 활성화하는 개념으로 제시하고 싶다.

팀으로 일하면서 구성원을 돕는 행동은 내가 여유 있을 때 가능하다. 이것은 보통 평가에 반영되지 않기 때문에 열심히 다른 구성원을 도왔을 때 결국 나는 평가를 잘 못 받게 될 수도 있다. 몇몇 스타플레이어의 공으로 팀을 이끌고 갈 생각이 아니라면 팀 공헌도를 평가에 반영하는 것이 더 좋은 전략이다. 몇몇은 스포트라이트를 받고 싶어 하기 때문에 자신이 주도적으로 대표성이 있는 일을 하지만 자잘한 일이나 궂은일은 안 하기도 한다. 이런 부분은 평가에서 감점요인이다.

팀 빌딩 프로그램에서 '내가 도와줄게.'라는 슬로건을 만든 적이 있다. 자발적이고 의욕적인 돕는 행동이 조직 내에서 일어날 수 있도록 내가 도움을 줄 수 있는 일과 도움을 받을 수 있는 일을 리스트업 한 후 강의장 내에서 참가한 동료들을 인터뷰하는 것이다. 그리고 혹시 도와줄 수 있는 일이 발견되면 "내가 도와줄게."를 크게 외치는 것이다. 평소에는 내 개인의 일에만 초점을 두어 일하기 바빴는데 다른 동료들의 업무가 무엇인지 새삼스럽게 파악도 하고 그중 나의 도움이 필요한 일이 무엇인지 알게 되어 유용했다.

여기서 '도와준다.'의 원리를 좀 더 일과 조직 중심적으로 정리해보고자 한다. 무작정 내가 남의 일을 해주는 것이 건강한 도움 방법은 아니기 때문이다. 본질적으로는 그 사람이 자신의 일을 극복하고 넘어서는 것을 도와주어야 한다.

이런 면에서 에거드 샤인의 'Helping' 원리는 좀 독특하다. 누군가를 돕는다는 것이 결코 착하지 않다고 한다. 자발적이고 대가 없이 도와주는 것이 아니라 스스로 대가를 지불하고 도움을 요청한 것에 대해 도움을 주어야 한다는 것이다. 그는 도움에 대해 다음 다섯 가지 원칙을 제시하고 있다.

1. 상대가 원치 않는 도움을 주지 말라.

2. 너무 많은 도움을 주지 말라.

3. 내가 모든 일을 해결할 수 있다고 자만하지 말라.

4. 혼자 해결해보려 하지 않고 무조건 도움을 요청하지 말라.

5. 나는 아무 잘못도 하지 않았다고 우기지 말라.

상대가 원치 않는 도움을 주는 것 역시 타이밍과 신뢰의 문제라고 할 수 있다. 어떤 경우는 한 명의 실무자가 혼자 다 그 일을 해결할 수 없는 경우가 있다. 실무자로서 책임감과 중압감을 느낀 나머지 다 하지도 못할 일을 혼자 싸안고 있을 수도 있다. 그래서 오픈하지 않고 시간이 계속 가다가 수습이 어려워지는 경우가 생길 수도 있다.

또는 실무자가 업무에 미숙해서 언제 도움을 받아야 하는지 일머리를 제공하지 못할 때도 있다. 도움을 구할 타이밍을 놓치면 역시 일 수습이 어렵게 된다. 팀 전반적으로 업무를 계속 공유하고 서로 도움을 받아야 할 부분이 신뢰를 기반으로 진행된다면 상대방이 도움이 필요하다는 것을 열린 마음으로 받아들일 수 있을 것이다.

또 불필요한 도움이 개입되지 않을 수 있을 것이다. 너무 많은 도움을 주는 것은 상대방이 일로 성장할 수 있는 기회를 뺏는 것이 될 수도 있다. 좋은 의도를 가지고 도와준다고 하더라도 어떤 부분은 스스로 돌파하도록 해야 한다. 업무의 결과는 담당자의 수준에서 마무리되기 때문이다.

생각이 다르고 또 서로 업무에 대한 숙련도가 다르기 때문에 일의 결과가 나의 예상과 다른 경우가 종종 있다. 리더는 이런 것들을 조율하는 역할을 해야 한다. 하나의 프로젝트를 어떤 담당자가 맡는가에 따라 새로운 옷을 입게 되고 발전적인 결과를 내게 된다.

내가 모든 일을 해결하려고 하는 것은 어찌 보면 자만하다고 할 수 있다. 일에 대한 열정이 높은 경우는 많은 상황에서 일을 통제하고 함께 일하는 사람들도 더불어 강하게 통제하게 된다. 일을 남에게 맡기지 못하기 때문에 결국 자신이 많은 일을 하게 되고 일을 나눠주기보다는 혼자 가지고 하게 되는 경우가 많다. 그러나 다른 사람을 신뢰하는 것도 훈련이라는 점을 알아야 한다.

자기 스스로에게 과한 책임감을 부여하게 되면 길게 갈 수 없다. 조직생활은 어찌 보면 장거리 경주와도 같다. 개별 과제나 프로젝트는 단거리 경주일 때도 있겠지만 관계와 일을 지혜롭게 조율하는 사람이 성숙한 사람이다. 어쩌면 이런 부분이 일에 대한 숙련도 자체보다 더 필요한 성장의 요건이 아닐까. 때로는 놓을 줄 아는 지혜 말이다.

주니어들의 경우에는 일에 대해 깊은 고민을 하지 않은 채 그냥 계속 선배들을 바라보고 떨어질 때를 기다리는 경우가 종종 있다. 그런데 이것이 습관이 되면 아무리 많은 일을 경험할지라도 계속 그렇게 된다. 몇 년이 지나도 일하는 방법이 늘지 않고 그냥 하던 방식대로 하게 되는 경우가 있는데, 그러면 실력이 늘지 않는다. 시키는 일은 잘할 수 있지만 주도적으로 무언가를 하지는 못하기 때문에 일을 할 때 생각하는 능력은 계속 제자리걸음이다.

만약 우리가 고등학교를 이제 졸업했는데 사회에 나가거나 대학에 진학하지 않고 계속 고등학교 교복을 입고 졸업한 학교 주변을 돌고 있다면 분명 가족과 친구들 또 고등학교에도 큰 근심거리가 될 것이다. 도움을 요청하려면 자신이 생각을 하고 어느 부분에 도움이 필요한지 알고 있어야 한다. 자신이 하는 일이 팀뿐 아니라 전사에 어떤 영향을 주고 있는지 입체적으로 생각할 수 있는 능력을 키우는 것이 중요하다.

일을 하다 보면 실수를 할 때가 있다. 혹은 의도하지 않게 상대방의 기분을 상하게 하거나 아니면 일처리가 잘못되는 경우가 있다. 시스템을 오픈했는데 회사에서 공지한 대로 현장에서 작동되지 않거나 프로그램이 예정대로 진행되지 않는 등 사람이 일을 하기 때문에 실제로 많은 실수가 일어나게 마련이다. 이럴 때는 수습 차원에서라도 다각도의 지원 손길이 동원되는데, 자신이 잘못한 부분에 대해서는 즉각적으로 시인하고 사과를 하는 게 좋다. 의도하지 않은 실수를 솔직하게 시인하고 서둘러 해결책을 찾으려 하는 노력을 보인다면 실수 자체보다는 대처하는 자세에 좋은 인상을 받기도 한다. 그런데 그 순간의 위기와 책임을 회피하려고 임기응변식으로 대처한다면 그 실수와 결과는 어디로 가게 될까? 언젠가는 부메랑이 되어 자신에게 따라붙을 것이다.

중국에 '진진가'라는 유명한 예화가 있다. 진진가의 결혼식 음식에 쓸 짐승을 잡으려고 했는데, 주인이 처음에 거위를 잡으려고 하자 거위가 자신은 알을 낳아야 한다며 수탉을 잡으라고 한다. 그러자 수탉이 자기가 없으면 농장의 아침을 깨울 자가 누구냐며 돼지를 잡으라고 한다. 돼지는 자기는 새끼를 열두 마리나 낳는다고 하면서 대신 소를 잡으라고 한다. 그러자 소가 곧 봄이 되면 밭은 어떻게 갈려고 하느냐고 대신 개를 잡으라고 한다. 그러자 개는 자기가 없으면 도둑은 누가 잡느냐며 말을 잡으라고 한다. 그러자 말은 자기가 없으면 그 먼 장터는 어떻게 다니려고 하냐며 거위를 잡으라고 한다는 이야기다.

누구나 다 자기 입장이 있다. 조직에서 변화가 클 때는 여러 변화의 프로그램이 동시다발적으로 진행되기 때문에 물리적으로 여력이 부족해서 분명 어딘가는 삐걱거리게 마련이다. 조직의 성장은 역시 이 지점에서 이루어진다. 잘잘못을 따지기 전에 책임부서에서 먼저 사과하고 다음 단계로 신속하게 이동하는 것이 좋다.

해도 해도 끝이 나지 않는 보고서. 언젠가 비바람이 치는 저녁에 혼자 사무실에 앉아서 보고서를 쓴 적이 있다. 당시 팀장과 임원은 어떻게 나를 믿었는지 무조건 이번 버전을 최종으로 보고하겠다고 말하고는 팀원을 다 데리고 회식을 하러 가셨다. 어떤 일은 결국 혼자 마무리를 해야 하고, 어차피 다른 사람들이 오래 남아 있어도 같이 할 수 없는 경우가 있다.

혼자서 일을 마무리해야 하는 상황, 텅 빈 사무실은 좀 서글프다. 그때 "선배님!" 하면서 나타난 후배, 그가 들고 들어오는 커피 한 잔은 참으로 따뜻하고, 나 혼자 일하는 게 아니라는 안도감을 준다. 그리고 마무리에 박차를 가할 수 있는 힘이 샘솟는다.

"내가 도와줄게!"

분명히 조직의 일은 혼자 하는 것이 아니다. 그 일은 나의 책임이기는 하지만 조직의 책임이기도 하다. 내가 도울 수 있는 일

은 굉장히 많다. 찾아보자. 그리고 오늘 내가 줄 수 있는 도움을
주자.

목적을 두고
사람을 만나지
않는다

말이 많으면 허물을 면하기 어려우나

그 입술을 제어하는 자는 지혜가 있느니라.

(잠 10:19)

· · · ·

    퇴근 무렵 사무실 술꾼들은 어슬렁어슬렁 그 날의 술자리를 찾아 나선다. 이유는 다양하다. 밀린 회식을 하기도 하고 오랜만에 옆 건물에서 일하는 다른 팀 동료와 약속을 정하기도 한다. 약속을 못 잡은 사람은 저녁 퇴근 무렵에 우연히 엘리베이터에서 마주친 사람과 '같은 사무실 근무'라는 코드를 잡아서 바로 저녁 자리로 동행한다.

    이런 날은 유난히도 술 마실 일이 쏟아진다. 그래서 사람들은 술을 마신다. 사무실 근처 고깃집, 맥줏집은 벌써 사람들이 꽉 찼다. 아, 오늘은 다들 그런 날인가보다. 마침 술 당기는 날. 직속 상사에게 깨진 건 아무것도 아니다. 그 사람이야 우리 상사니까 무슨 소릴 듣든 또 일 잘하자고 그런 건가보다 하면 되겠지

싶다. 다른 사람들은 다 아무 말 없이 넘어가는데 그 상사는 왜 꼭 나만 보면 곤두서는지 모르겠다.

"분명히 협조하겠다고 간 거잖아? 아니, 그럼 자기 밑에 팀장 불러서 나랑 같이 얘길 하든지. 아, 진짜 나도 우리 위에 상사 없었으면 서러웠겠어."

"오늘 PT 진짜 잘 끝났지? 어때? 다른 때랑 다르더라고. 오늘 따라 김 대리 그 친구 아주 흐름을 제대로 타더라고. 중간중간 애드리브도 있고 진짜 좋았어. 이번에 감 좋아."

"야, 진짜 오랜만이다. 어쩜 한 사무실에서 근무하는데 점심 한 끼 같이할 시간이 둘 다 안 나냐. 이게 진짜 얼마만이야!"

"너 회사 관두고 벌써 2년 만이네. 새로 시작한 일은 어때? 잘돼가는 거야? 나는 죽겠다 죽겠어. 똑같아."

거리마다 가게마다 테이블 사이로 오고 가는 술잔들 사이로 이런저런 사연들과 이야기들이 흘러간다. 술은 마주한 사람들 마음에서 흘러나오는 것 같다. 그리고 직장인들의 지친 몸은 그 강에 젖는다. '소주 한잔'이라는 문화는 우리나라만의 정서다. '소주 한잔할까?'라는 말속에는 많은 의미가 함축되어 있다.

일이 끝나고 포장마차에서 소주 한 병을 나눠 마시고 헤어지는 동료가 있다. 다음 날도 고생은 이어지지만 그 늦은 밤 함께 나눈 마음이 또 프로젝트를 이어가는 중요한 동료애가 되는 것이다.

　회사에서는 어느 때 술을 마실까? 우선 일이 정말 잘 끝났을 때 개운한 마음으로 함께한 사람들과 마실 수 있다. 그동안 애쓴 시간들, 또 일을 하면서 서로 부딪혀서 힘들었던 부분들도 털어 버리고, 힘들게 고생한 동료에게 진정한 축하의 마음도 전할 수 있다. 또 일을 하는 과정에서 있었던 그 많은 에피소드를 하나씩 펼쳐가면서 우리끼리만 아는 이야기들을 곱씹어볼 수도 있다. 그리고 뒤에서 묵묵히 일했지만 앞에서 스포트라이트를 받지 못했던 그림자 같은 팀원들에게도 아낌없는 감사와 박수를 보낼 수 있다.

　또 어떤 경우가 있을까? 예기치 않은 일들이 펑펑 터질 때! 어떤 날은 정말 작정이라도 한 듯이 와르르 일들이 터지기도 한다. 모든 펑크가 한순간에 터지는 것이다.

　임원진이 참석하는 회의에 빔이 안 켜지거나, 노트북이 갑자기 정지되더니 꺼지지도 켜지지도 않을 때가 있다. 정말 믿기지 않지만 최종적으로 해놓은 프레젠테이션 파일을 막상 띄웠는데 이전 버전이고, 바로 전에 수정한 자료는 저장되어 있지 않다. 식당 예약을 하고 갔는데 예약이 제대로 되어 있지 않다. 오늘따라 일손이 엄청 부족했지만 한 사람 먼저 식당에 가서 임원진이 앉을 자리나 위치 등을 미리 봐두었어야 맞다. 예약했으니 별일

없겠지 하며 도착해보니 떡 하니 우리가 앉으려던 자리에 다른 팀이 미리 예약했다며 앉아 있다.

오늘 정말 힘들다. 왜 이리 꼬일까? 일부러 일을 안 한 것도 아닌데 너무 나태했던 것인지…. 그래서 오늘 마음고생한 사람들끼리 한잔하기로 한다. 이런 날도 있구나. 아, 재수가 없다. 시말서 써야 되나? 그럼 시말서를 쓰든지. 오늘이 왜 이렇게 긴지 정말 1시간이 하루같이 지나가더라, 이런 이야기들. 짧지만 긴 한숨. 겪은 사람만 아는 이야기가 또 술잔에 담기고 마음이 나누어진다. 내일은 또 수습 잘하고 이미 지나간 일은 잊자. 그리고 다시 잘할 수 있도록 기운을 내는 거야!

최근에 국내 대기업에서 유례없는 구조조정 계획을 발표했다. 기본급여의 80계수를 희망퇴직금으로 제시하면서 말이다. 1997년 우리나라가 IMF 체제라는 생전 처음 듣는 국제금융의 지원과 통제를 받게 되었을 때 많은 사람이 회사를 나가는 것을 보았다. 정말 많은 사람이 회사를 떠났고 한 달에 서너 번 하는 회식이 모두 송별회였다. 이럴 때 우리는 또 술을 마시게 된다. 단순히 팀을 옮기거나 근무지를 이동하게 되는 것도 서운한데, 회사를 떠나는 사람들을 보내는 자리는 쉽지가 않다. 어디 그뿐이랴. 또 우리는 새로 오는 사람을 맞이하기 위해서도 술을 마신다.

회사에서의 술자리도 공식적인 자리와 비공식적인 자리로 나뉜다. 회식은 사실 상당히 공식적인 자리다. 공식적으로 모이는 모임이고 그래서 회사 비용을 쓴다. 우리나라의 회식은 주로 술자리가 많고 그때 많은 이야기가 오가지만 공식적인 자리인 만큼 리더가 참가하게 되고 리더 중심적인 자리가 되기 마련이다. 구성원들이 하고 싶은 얘길 하기보다는 리더가 원래는 자신이 얼마나 인간적이고 좋은 사람인지와, 그동안 쌓아온 많은 공적을 영웅담처럼 얘기하게 된다. 구성원들이 내놓는 이야기들은 대부분 또 리더가 재해석해서 자신의 경험에 비추어 이야기하곤 한다.

비공식적인 술자리는 좀 다르다. 이때 리더들은 형이나 선배가 된다. 직책이라는 것이 얼마나 부담스러운지 그 자리에 가보지 않으면 알기 어렵다. 리더십에 대해 조금만 아는 사람들은 직책(Position power)이 부여됨과 동시에 갖게 되는 영향력이 가장 쉬운 리더십이라고 아주 쉽게 이야기한다.

오늘날 리더들이 감당해야 하는 이슈는 너무 많고 예민하다. 그냥 내가 담당하고 있는 과제만 핸들링한다고 해서 끝나는 게 아니다. 리더들은 엄마처럼 정말 모든 집안일을 다 처리해야 하는 것이다. 하지만 구성원들은 리더에게 너무 많은 것을 기대하고 원한다.

우리는 리더의 이미지를 영웅시하고 또 개인적으로 마음에 드는 상을 요구하는 것 같다. 또 쉽게 '완장 차더니 변했어.'라고 평가하기도 한다. 그리고 실수하거나 서운하게 하면 내가 원하는 리더가 아니라고 단정한다. 회사에서의 관계는 2차적인 관계이고 사회적 · 공식적인 관계지만 워낙 많은 시간을 함께 보내기 때문에 서로에 대해 낱낱이 알게 되고 또 하나의 새로운 가족 같은 관계가 되기도 한다. 서로에 대한 기대와 부담감을 조금 내려놓고 이제 사람과 사람으로 만나는 대화의 자리가 술 한잔에 담기기를 바란다.

'전략적 HRD'는 굉장히 인기 있는 표어였다. 회사 내에서 교육이 회사의 전략 방향에 파트너 역할을 한다는 것은 포지션 자체가 상당히 격상된 것으로 받아들여졌다. 하지만 '전략적 HRD'라는 표어에는 배우는 사람으로서 학습자에 대한 부분은 상당히 가려져 있다. 회사의 경영목표 달성을 위해 구성원들이 존재하는 만큼 그것에 맞는 교육 프로그램, 훈련이 있어야 하고 교육의 필요는 학습자보다는 경영자에게서 나오기 때문이다.

우리는 동반성장이나 파트너십에 대한 이야기를 많이 들어왔다. 회사생활을 시작해서부터 지금까지 계속 들어온 이야기다. 이것은 회사가 구성원을 경영의 도구로, 자본으로 취급하지 않는다는 의미라고 생각한다.

회사는 계속 성장하는데 구성원은 피폐해진다. 그렇다면 여기서 성장하는 회사는 누구를 말하는 것일까? 나의 순진무구한 생각은 아직까지는 구성원이 회사라는 생각을 많이 하고 있다. 구성원이 회사에서 행복해야 회사의 고객도 행복하고 또 회사도 성장할 수 있다. 앞으로는 구성원들의 팔로어십(Followership)이나 셀프 리더십(Self leadership)이 직책자의 리더십보다 강화되어야 할 것이라고 본다.

언젠가부터 사람들은 자본주의 사회가 힘들다는 얘길 한다. 다음 단계의 자본주의가 제시되기를 기대하는 것 같다. 태어날 때부터 이런 사회에서 살았기 때문에 이게 당연한 줄 알고 살아왔는데 삶이 나아지지 않기 때문이 아닌가 하는 생각도 든다. 우리는 전략을 좋아하지만 사람이 없는 전략은 제대로 수행되지 않는다. 사람은 어떤 전략이나 시스템의 도구가 아니다.

매일 함께 일하는 사람들에게 얼마나 기능적인 것들만 기대하고 요구해대고 있는지를 알게 된다면 아마 우리 모두 놀랄 것이다. 술에 취해서도 공식적인 얘기와 상사 비위 맞추기만 계속되고 또 거기서 학습한 것들이 대물려지는 학습 구조는 이제 깨져야 한다. 모든 일에 우선은 사람이고, 또 사람이기 때문에 어떤 기능을 할 수 있는 것이다.

그동안 쌓였던 모든 문제가 물론 술 한잔으로 끝나지는 않는다. 팀장이나 리더들은 그런 걸 기대하겠지만 말이다. 회식은 얼마나 쉬운 방법인지 모른다. 우선 같이 배부르게 먹고, 그다음에 취하도록 마시고, 또 잊어버리고, 털고, 다음에 또 일하고…. 다람쥐 쳇바퀴 돌듯이 우리네 일상이 이렇게 그럭저럭 비슷하게 흘러간다고 하더라도 이러한 학습 구조는 이제는 바뀌어야 한다.

예전에 한 임원께서 보고하러 들어간 나에게 이용, 사용, 활용의 차이가 뭐냐고 갑자기 물어보셨다. 나는 사뭇 당황했지만 웃으시며 답을 해주셨는데 '이용'은 자기의 유익을 위한 의도를 가지고 물건이나 사람을 대하는 것, '사용'은 그 물건이나 사람 자체가 가진 본질적인 기능을 그냥 그대로 대하는 것, '활용'은 좀 더 응용적인 역량을 발휘하도록 대하는 것이라고 했다.

세 가지 쓰임 중에 이용이 가장 기분 나쁠 것이다. 술 한잔에 대해 우리들은 그 쓰임을 마구 이용하고 있지 않은가? 제일 나쁜 것은 진심을 파악하고 그 뒤에 이용하는 것이다. 욕구 위계설로 유명한 에이브러햄 매슬로는 도구를 사용하는 인간에 대해 쓸 줄 아는 도구가 망치 하나뿐인 인간은 모든 장면에 다 망치를 활용하려고 한다고 했다. 우리는 좋아하든 좋아하지 않든 익숙한 것을 더 선호하고 익숙한 것을 선택하려고 한다. 그렇기 때문에 술자리는 진심을 담는 자리라기보다는 늘 그런 자리였기 때문에 그냥 그런 줄 아는 것이다.

그런데 망치가 통하지 않는다는 것을 깨달았다면 우리는 다음 단계의 관계로 나아가야 한다. 그리고 회사 내 관계에 대한 새로운 학습을 해야 한다. '술 한잔하실까요?'라는 제안이 나의 속내를 다 얘기하고 또 깊은 신뢰하에 일과 사람에 대해 통합적이고 진지한 접근으로 더욱 깊게 침투될 수 있었으면 한다. 꼭 술이 아니더라도. 온기 흐르는 제안과 소통이 담기기를 기대한다.

15

오지랖 넓은
사람들을
가까이 둔다

지혜는 진주보다 귀하니 네가 사모하는

모든 것으로도 이에 비교할 수 없도다.

(잠 3:15)

・ ・ ・ ・

〈어디선가 누군가에 무슨 일이 생기면 반드시 나타난다 홍반장〉 이런 영화 제목도 있었던 기억이 난다. 오! 나는 이런 분과 꼭 같이 일하고 싶을 뿐 아니라 친구가 되고 싶다. 이런 홍반장과 같은 분이 동료나 후배로 있다면 그 프로젝트 팀은 우선 안심이다. 특이한 점은 어느 조직에든 홍반장 같은 유형의 구성원이 꼭 있다는 것이다.

홍반장들의 특징을 살펴본다면 다음과 같을 것이다.

첫째, 우선 이분들은 업무 영역이 굉장히 넓기 때문에 회사 내모든 자료를 가지고 있다고 해도 과언이 아니다. 올해를 마감하며 내년 계획을 수립할 때 필요한 것은 평균 3년간의 연속 자료다. 어쩌면 그렇게도 잘 모아놓았는지, PC에 체계적 파일 조각 모음 앱이라도 따로 있는 건지 궁금할 정도다. 어디 그뿐이랴. 필요한 유관부서의 자료를 잘 받아오기까지 한다. 회사의 전반적인 상황에 대해 한마디로 '빠삭'하다. 어떻게 그런 일이 가능할까?

우선 유관부서의 '키맨(Key man)'들을 잘 알고 있다. 그리고 꼭 자기가 속한 팀이나 부서가 아니더라도 종종 식사나 회식 시간을 갖는다. 그리고 그분들의 도움 요청도 잘 받아준다. 그렇다 보니 조직과 관련된 정보를 수집할 수 있는 고감도 안테나를 착용하고 있는 것이나 다름없다.

둘째, 홍반장들은 자기관리가 철저하다. 예전에 함께 일했던 과장의 예를 들고 싶다. 그분은 보통 출근시간 한 시간 반 전에는 사무실에 도착해서 가벼운 운동과 아침식사를 하는 게 습관이었다. 5시 반에 기상해서 무조건 집에서 꾸물거리지 않고 회사로 직행한다. 출근 차는 비용을 아끼기 위해 가까운 곳에 사는 동료들과 카풀을 한다. 보통 어지간한 노력이 아니면 카풀은 지켜지기가 쉽지 않은데 꼼꼼하게 약속을 지켜가니 그것도 가능했던 것이다.

회사에서 자기관리를 평가하는 척도의 가장 쉽고도 일반적인 것은 아침 출근 시간이다. 성실함에 대해 사람들에게 자기 자신을 인식시키는 것이다. 자기 자신을 인식시키는 데는 일 년이 넘는 시간이 필요하다. 그리고 상당히 꾸준한 노력을 필요로 한다.

셋째, 스피드다. 홍반장들은 매우 빠르고 집중력이 있다. 일을 하는 데 필요한 것이 어디에 있는지, 어디서 무슨 일이 일어나는지를 정확하게 파악하며 업데이트를 하고 있다. 아이디어가 굉장히 창의적이지는 않지만 머뭇머뭇하거나 우물쭈물하기보다는 판단력이 빠르고 된다, 안 된다는 대답이 명쾌하다. 공연히 되지도 않을 일들을 꼭 간직한 채 일이 어디로 갔는지도 모르게 하는 것보다 훨씬 나은 태도라고 할 수 있다.

홍반장들은 무슨 일에서든 최고의 코디네이터다. 팀 워크숍을 가게 되면 언제나 홍반장들이 준비한다. 프로그램을 짜는 것은 물론이고 워크숍 장소, 그 주변 식당, 숙소에 대해 아주 잘 파악하고 준비하고 있기 때문에 모두 그를 따라가기만 하면 된다. 마치 최신 버전으로 업그레이드된 내비게이션 같은 느낌이라고 할까?

그렇다. 홍반장은 정말 모든 것을 알고 있다. 홍반장들의 장점 중 하나는 무엇보다 자료 정리와 업데이트를 꾸준히 한다는 것이다. 처음에는 누구나 자료를 분류하고 정리하지만 각자 생활 속에 분주해지면 이렇게 잔손 가는 일들은 우선순위에서 멀어지게 마련이다. 그렇지만 분류와 정리에 있어서는 달인인 홍반장들은 항상 꾸준하게 업데이트를 한다. 이것이 차이를 만들어내는 큰 장점인 것이다.

주고받은 명함만도 얼마나 많은지 모른다. 업무 관련하여 만난 거래처와 회사 내외 사람들에게 받은 명함만 제대로 관리해도 기본적인 인맥 파워를 가질 수 있다. 그런데 받은 명함이 명함지갑에 터질 듯이 들어 있거나 여기저기 서랍에 흩어져 있어서 어디에 있는지 기억하는 게 불가능한 경우가 대부분이다.

요즘은 스마트폰으로 명함을 사진 찍고 그것들을 분류한다. 그리고 명함 정리 애플리케이션도 있기 때문에 명함 관리가 수월해졌다. 함께 일하던 Y과장의 경우는 받은 명함에 꼭 메모를 했다. 만난 날짜와 장소, 목적을 적고 사진을 찍어서 관리하는 것이다. 이런 것이 한 수 높은 관리다.

넷째, 회사 내 제도와 규율에 대한 파악이다. 평상시에는 별 문제 없이 지내지만 제도와 기준은 크고 작은 변화가 있을 때 존재감을 드러낸다. 출장 기준이라든지, 인사 제도, 교육 제도 등 알아야 할 것이 굉장히 많다. 새로 누군가가 전입해 오거나 리더 교체가 있을 때 이런 규정들을 잘 설명해줄 수 있고 이전에 처리되었던 사내 판례를 잘 알고 있다면 자기 자신에게도 유익할 뿐 아니라 주변 사람들에게도 많은 도움을 줄 수 있다.

같이 일했던 여자 후배는 해마다 1월이 되면 항상 새로운 조직도를 출력해서 보곤 했다. 그리고 이전 조직도와 비교했다. 어떤 변화가 있느냐고 물어보면 그녀는 이렇게 대답했다.

"그럼요, 조직도를 보면 전략이 보여요."

그리고 어떤 사업 조직이 승격을 했고, 또 어떤 곳이 줄어들거나 합병됐는지, 어느 임원이 어디로 이동했는지를 설명해주면서 당해 연도 조직의 포석을 알려주곤 했다. 참으로 영특한 후배였다.

홍반장은 비서 혹은 편리함을 주는 생활용 애플리케이션의 종합판 같은 사람이다. 늘 자기 자신을 관리하고 정보를 체계적으로 분류해서 필요할 때 꺼내어 활용하지만 이 모든 것이 자기 자신만 위한 것이 아니기에 빛난다. 팀과 함께 일하는 사람들에게 도움과 유익함을 주고 이것을 기쁨으로 여긴다. 특별한 스타플레이어는 아니지만 없어서는 안 되는 중요한 존재이고, 어찌 보면 손발이 되어주는 사람이기에 진정한 팀플레이어이고 소중한 존재다.

여기서 나는 주인의식과 동료의식을 얘기하고 싶다. 이런 마음가짐 없이 홍반장과 같이 생활하기는 쉽지 않다. 사실 자기 일 하나 제대로 하기도 바쁜데 언제 이렇게 주변의 자잘한 일들까지 신경 쓸 수 있겠는가? 주인정신을 가진 사람은 내가 속한 팀의 일이 곧 내 일이라는 생각으로 움직인다. 그래서 굳이 이 일이 누구 일인지 따지거나 손익을 계산하지 않는다.

항상 전체를 보면서 마치 리베로처럼 뛰어주고 자신의 일도 감당해내는 것이다. 회사에서 나는 고용되었을 뿐이고 나와 회사는 그저 계약에 의한 관계라고만 여기지 않고 어느 정도 동일시가 일어나는 마음가짐이다. 이런 마음가짐은 책임감을 키워준다. 사실 책임감은 열정이나 높은 수준의 직무 역량 못지않게 중요하다.

전문가이고 자기 일에 대한 열정은 높지만 구체적인 실행 결과를 이끌어내는 것은 책임감이다. 이것이 업무에서 나의 역할을 확대할 수 있는 길이다. 조직 내, 조직 간 이기주의는 벽을 만들고 집단 공모를 가져온다. 예를 들어 내 책상으로 직접 걸려온 전화가 아니면 전화벨이 울려도 받지 않는다든지, 조직 내 경쟁으로 동료와 타 부서에 업무 관련 노하우를 공유하지 않거나 아이디어를 주지 않는다면 이것을 과연 자기 일에 대한 주인의식과 팀 정신이라고 생각할 수 있을까?

여기서 세 가지 짚어야 할 점이 있다. 첫째는 혹시 홍반장이 조직의 지나친 개입자가 아닌가 하는 점이다. 모든 일에 두루두루 관여하다 보니 자칫하면 사사건건 참견하는 사람이 될 수도 있는 것이다. 만약 이러한 역할을 고참이 맡게 되면 리더 아래 또 다른 리더십으로 영향력을 발휘할 수 있게 되기 때문에 자신이 담당하고 있는 코디네이터 업무와 관련된 부분에서 최대한 역할을 해줄 필요가 있다. 의사결정은 조직의 장이긴 하지만 실질적인 의사결정은 홍반장이 하는 격이라면 조직의 질서나 관계에 금이 갈 수도 있기 때문이다.

둘째는 정작 자신의 업무는 제대로 못하고 오히려 다른 사람들을 돕는 데 많은 에너지를 소모하다 보니 주변적인 부분에 더 많은 관심을 가지게 될 수도 있다. 즉 두루두루 잘하는 일은 많지만 정작 자신의 핵심적인 전공이 돼야 하는 부분에 대해서는 취약할 수도 있다. 따라서 자신의 업무와 관련된 전문성을 키우고 연마하는 것에 더욱 우선순위를 두어야 할 필요가 있다.

셋째는 남 좋은 일만 시키는 것이 아닌가 하는 것이다. 홍반장은 남을 돕는 데 많은 에너지를 쓴다. 이것은 다른 사람들에게 인정받고 싶은 기대가 크다는 것을 의미할 수도 있다. 그래서 본인의 도움에 대해 거부되거나 필요 없게 느껴질 경우 그러한 기대는 분노로 바뀌기도 한다.

"개인의 재능은 한 게임을 이기게 할 수 있는 반면 팀워크는 전 선수에게 챔피언십을 선사한다."

– 마이클 조던

"진성 리더의 가장 두드러진 특징 중 하나는 다른 사람을 자신의 도구로 사람들은 진정성을 찾고 싶어 한다. 그리고 이 부분은 사람과 사람 사이에서 해결되는 경우가 굉장히 많다. 물론 사람마다 진정성에 대한 끓는점이 다르고 그 영역도 다르다. 회사는 결국 일을 함께하면서 모든 일이 일어난다. 일을 점령하는 방법은 업무에 대한 혹은 팀에 대한 사명감이 넘쳐날 때다.

때로는 속 좋은 사람, 오지랖이 넓은 사람으로 비춰질 수 있고 주변머리가 지나치게 넓은 사람으로 인식될 수도 있지만 지나치게 똑똑하고 깔끔하기만 한 사람들이 넘쳐난다고 느껴지는 조직생활에서 홍반장은 사람 냄새가 나고 중심을 잡아주는 좋은 가이드다.

캄캄한 밤까지 산에서 방향을 잃고 헤매다가 겨우 산을 내려온 사람에게 시골 마을의 옹기종기 모인 집들에서 새어나오는 빛은 얼마나 큰 위로가 되는가.

잘 쓰인 전략보고서는 아니지만 새로 바뀐 복사기에서 팩스는 어떻게 보내야 하는지를 금방 알려주는 사람, 내가 지난달에 쓴 유류비를 회사에서 받을 수 있는 방법을 알려주는 사람, 본부별로 업무연락 보내야 하는 담당자가 누구로 바뀌었는지 알려주는 사람, 팀이 캔미팅을 하려 할 때 좋은 맛집이나 워크숍 장소를 잘 알려주는 사람, 주변 사람들에게 늘 따뜻한 센서가 켜져 있는 홍반장….

당신과 함께 일하고 싶습니다.

진심을
거래하지
않는다

여호와의 교훈은 정직하여 마음을 기쁘게 하고

여호와의 계명은 순결하여 눈을 밝게 하시도다.

(시 19:8)

· · · ·

변화가 일어나기 어려운 이유는 너무 많아서 일일이 나열하기 어려울 정도다. 사람들은 변화에 대해 저항한다. 지금의 것을 유지하는 것이 더 안전하다는 신념 때문이다. 아마 그것이 편하기 때문이기도 할 테고 말이다.

리더들은 새로운 과제를 열정에 차서 구성원들에게 말하지만 사실 그 내용이 전부 다 전달되지는 않는다. 초보 리더들은 이렇게 이야기하고 나서 나중에 구성원들의 행동이나 업무의 결과가 자신이 전달한 대로 되어 있지 않은 것을 보고는 놀라고 당황한다.

"내가 지난번에 이야기했을 때는 이런 그림이 아니었는데 왜 보고서가 이렇게 작성됐지?"

"분명히 팀장님이 그렇게 말씀하셨는데요."

"업무지시를 할 때 구성원들이 나처럼 생각하고 움직일 수만 있다면 얼마나 좋을까 늘 생각하죠. 내 마음 같지가 않을 때가 많습니다."

"같이 공감대를 만들기가 쉽지 않죠. 구성원들은 시키니까 하는 경우가 많고 사실 그게 제일 빠른 방법이긴 한데 좋은 방법은 아니니까요."

우리의 마음과 생각에는 오랫동안의 습관이 만들어놓은 모형이 있다. 이것은 학습의 결과다. 사람마다 누구나 이것을 깨기는 어렵다. 이것은 전형적인 믿음이기 때문이다.

회사에서는 날마다 실적회의를 한다. 요즘처럼 상황이 어려울 때는 실적 달성이 어렵기 때문에 어떤 회사에서는 실적이 나오지 않는 원인을 분석하고 이것을 달성하기 위한 대안을 수립할 때까지 집에 가지 않는 방식으로 회의를 하기도 한다. 혁신미팅, 혁신학교 같은 것을 운영하는 것이다. 이런 방법도 상당히 효과가 좋은 방법이다. 누구도 피해갈 수 없는 책임을 서로 감당해내는 시간이기 때문이다.

이때는 모든 것이 드러나는 시간이다. 우리가 가진 본성, 즉 지성, 인격, 체력이 바닥나고 개인적인 책임과 의무, 또 그동안 쉬쉬했던 팀 내의 갈등, 자기기만적으로 숨겨왔던 실수나 관습적인 게으름들이 드러난다. 그리고 정말 기가 막히게도 여기서 그동안 얼마나 일을 그저 그렇게 해왔는가에 대한 성찰도 드러난다.

이런 과정을 통해서 일을 잘하기 위한 방법과 개선안을 배울 수 있지만 중요한 것은 왜 우리가 이 일을 하고 있는가에 대한 공동의 목적에 대해 진지하게 공유가 이루어져야 한다는 점이다. 단지 실적만을 위해서 회사와 구성원이 서로 쥐어짜고 있다면 얼마나 이 시간이 괴롭고 고통스러운 시간이겠는가. 아마 이 시간에 만날 상사 얼굴만 떠올려도 심장 위에 무거운 맷돌을 올린 것처럼 힘들고 심장이 쫀득해질 것이다.

중요한 것은 사명에 대한 공유다. 사명과 비전에 대해 혼동하는 경우가 많은데, 사명은 주어지는 것이고 비전은 구체적으로 사명의 모습을 구현한 것이라고 보면 된다. 많은 회사에서 몇 년도까지 국내 최고 혹은 세계 순위에 드는 회사, 자기의 분야에서 일등 회사가 되겠다는 비전을 수립하고 비전 슬로건을 제시한다. 그리고 실제적인 목표 수준을 세운다. 비전의 구체적인 모습이 무엇인가를 알 수 있어야 하는 것이다.

사명은 길을 가는 데 있어서 나침반과도 같은 역할을 한다. 이것은 길을 잃었을 때 왜 이 길을 가는지 모를 때마다 다시 갈 수 있도록 우리에게 방향을 알려주는 것이다. 사명은 우리에게 내재된다. 그래서 평소에는 숫자와 구호 같은 것들이 더 눈에 잘 보인다. 그래서 그것들이 사명이라고 생각할 수 있지만 궁극적인 모습은 아니다. 사명은 보다 본질적이고 원천적인 에너지이다. 구루피플스의 이창준 사장은 사명에 헌신되어 있는 사람은 비난과 냉소를 견디고 지금의 헌신을 기꺼이 한다고 했다.

리더가 사명을 구성원들과 충분히 공유하지 않은 채 회사에서 시켜서 하는 일이고 나도 별 수 없으니 따라줘라, 이런 식의 구애는 초기에는 인간적일 수는 있지만 시간일 지날수록 매력이 떨어지는 얘기다. 몰입시킬 수 없는 비전을 구성원에게 세일즈하는 리더도 인기 없기는 마찬가지. 스스로 비전에 몰입해서 이야기를 할 때마다 흥분되어 이야기를 해도 구성원들의 마음에 진심의 북을 울리기는 어려울 것이다.

대부분 구성원들은 그냥 시키니까, 해야 되니까 한다. 하지만 매일 조회 등을 통해서 정기적으로 사명과 비전을 공유한다면 어떨까? 구성원들이 조금씩 마음을 열 수 있도록 진솔하게 얘기하는 것이다. 자신이 겪은 지난날의 경험, 지금의 현실, 그리고 앞으로 일어날 일들은 서로 동떨어진 것들이 아니고 연결되어 있는 것들이다. 이런 일들은 사실 평상시에 맺어온 리더와 구성원 간의 관계의 수준에 따라 달라진다.

어지간히 사명에 몰입해 있는 경우가 아니라면 이것만으로 사람들을 움직이기는 어렵다. 관계는 신뢰의 문제가 되기 때문이다. 관계에서 오는 기본적인 신뢰가 형성되어 있지 않다면, 사명을 이야기하는 것은 굉장히 위선적으로 보일 수 있다.

"내가 이 일을 해준다면 지금 상사는 좋을 수 있겠죠. 하지만 그다음에 단물만 쏙 빼먹고는 제가 무용지물이 되고 나면 나만 손해라는 생각이 들거든요."

리더들은 목표를 달성하기 위해 조직을 관리하는 것이 리더십이라고 배운다. 그래서 현란하고 능숙하게 다양한 스킬을 사용하는 리더들도 많다. 대화를 하기 전부터 진실한 마음을 나누기보다는 구성원을 통해 달성해야 하는 목적이 있기 때문에 달래고 어르기 위한 대화의 기술을 구사했다가 말린 것이 얼마나 많은가.

"솔직히 팀장님도 제가 지금 이 프로젝트를 성공하면 성과로 인정받을 수 있고 지금 이 팀에서 일을 할 수 있는 사람은 저밖에 없는 거 아닌가요?"

구성원들도 팀장과 거래를 시도한다. 기브앤드테이크는 편리한 거래이다. 그뿐 아니라 어찌 보면 가장 정직하기도 하다. 기브앤드테이크의 거래는 서로 주고받을 것이 없다면 관계에서 남는 것은 없다는 것이다. 깔끔하고 쿨할 수 있다. 하지만 여기에는 무언가 모를 공허감이 있다.

"어차피 회사에서 일하고 월급 받는데 진정성이요? 참 배부른 소리죠. 회사에서 그런 얘길 할 시간이 있는 줄 아세요? 제발 현실적이고 실제적인 얘기 좀 합시다. 겨울에 눈 오는 소리 하지 말고요."

어설프게 기브앤드테이크에 대해 비난했다가는 괜히 현업 모르는 책상머리들의 철없고 배부른 소리로 취급되고 실력 없다고 비난받을 수도 있으니 주의해야 할 것 같다. 우리는 모두 각자 어떤 생각의 모형을 가지고 있다. 그것은 유리 상자 같은 생각의 모형이다. 원래 조직에서의 관계나 일은 그렇게 했다고 생각해왔기 때문에 그게 맞는다고 믿고 다른 모형은 생각해보지 못한 것이다.

진정한 소통에 기반을 두지 않은 거래 관계의 끝은 대부분 공허하다. 최근 우리 회사는 구성원의 꿈에 대해 이야기를 많이 한다. 경영층들은 구성원들에 대해 측은지심을 가지고 대해야 한다고 말한다. 나는 왜 부모가 해결해주지 못하는 꿈을 회사에서 해결하려고 하며, 이것이 회사의 전략과 무슨 상관이 있는지 물었다.

나 역시 얼마나 '전략'이라는 문자적 해석에 갇힌 사고를 하고 있었는지 모른다. 나부터 이런 유리 상자가 깨어지기를 기대한다. 1990년대 후반에 『Deep Change or Slow Death』라는 책에서도 이미 앞을 내다볼 수 없는 변화에 대한 다양한 메타포는 많이 제시되었다.

지금 시기에 대해 사람들은 '전환기'라는 표현을 많이 한다. 아날로그에서 디지털로 전환이 이루어졌을 때 사람들의 삶에는 진화가 이루어졌었다. 앞으로 5년 이내에 다시 이런 일들이 일어날 것이다.

자동차는 이미 미디어 제품군으로 나누어도 될 만큼 새로운 경계로 진입했다. 우리는 일해본 적이 없는 환경과 경쟁구도에 노출되어 있다. 성장과 목표만을 부르짖는 방식은 어찌 보면 산업화 시대의 스타일이다. 왜 이렇게 살기가 어려울까를 생각해보면 더 이상 먹히지 않는 학습방식을 계속 반복하고 고집하기 때문은 아닐까? 질문하는 법, 경청하는 법, 피드백하는 법까지. 최근 코칭이나 리더십 스킬은 상당히 발전했고 그 어느 때보다 사람에 대해 더 잘 다룰 수 있게 된 것처럼 보이지만 나는 이 해법이 상당히 공허하다는 판단이다. 새로운 패러다임에서는 근본적이고 본질적인 이야기가 오가야 한다.

최근 성인 교육의 키워드 중 하나는 자아실현과 꿈이었다. 왜 회사에서 구성원들의 꿈과 자아실현, 삶과 일의 균형을 이야기할까? 본질적인 밑바닥의 이야기가 아니고서는 우리는 어떤 스킬만으로 회사의 다음 단계를 가기가 어려운 지점에 와버렸고 이것을 인정하게 된 것이다.

단기적인 목표에서 승리해야 하지만 무조건 숫자를 채우는 것이 우리에게 정말 이익이 되는지는 정밀하게 분석해야 한다. 많이 팔고는 있는데 사실은 이익이 나지 않고 있다면 우리가 일을 잘하고 있다고 평가받기는 어렵다. 장기적인 관점이 중요한 이유도 이것 때문이다.

진짜로 잘 팔고 있느냐는 재고나 채권도 얼마나 잘 관리하고 있느냐에 따라 달라진다. 단기적인 안목과 습관은 무조건 우선 팔고, 되든 되지 않든 재고를 많이 가져오는 게 일 잘하는 것이라고 배워왔을 터다. 그렇지만 전체적인 경영활동의 맥락을 같이 보고 장기적으로 대처하지 않으면 안 되는 시기가 바로 지금이다.

기브앤드테이크의 안 좋은 점은 서로를 그저 대상으로만 생각하고 좀 더 치열하게 관계를 형성하기가 어렵다는 것이다. 많은 리더와 구성원들은 진실한 소통을 원한다. 가짜들은 두 번만 깊게 질문이 들어가면 말로만 진실한 소통과 비전을 이야기했다는 것이 금방 드러나게 된다. 겉으로만 그럴싸해 보이는 것이 아니라 진짜가 되고 싶다면 처절한 자기 해부와 깨어짐이 있어야 한다.

   진정성은 속도가 느린 것처럼 보인다. 기브앤드테이크의 현란한 기법과 거래라는 유리 상자를 깨고 우리 마음 깊숙한 곳에 있는, 진정성 있는 응답으로 서로 대화해보고 싶다.

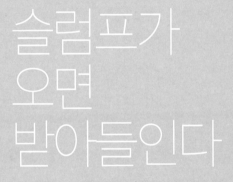

슬럼프가
오면
받아들인다

십자가의 도가 멸망하는 자들에게는 미련한 것이요

구원을 얻는 우리에게는 하나님의 능력이라.

〔고린도전서 1:18〕

··· ·

왜 나쁜 음식은 끊지를 못할까? 정크푸드(Junk food)가 나쁘다는 것을 알지만 그 음식들은 입에 즐거움을 준다. 그리고 실제로 단기적이기는 하지만 스트레스를 푸는 효과도 있다.

여직원들은 대개 매운 음식을 좋아한다. 그리고 매운 음식을 좋아하는 여자일수록 스트레스에 약하다는 말도 있다. 매운맛은 맛이라기보다는 통증에 가깝다. 매운맛으로 통증을 느끼면서 스트레스가 다소 해소되는 것을 느낀다는 것이다. 엽기적으로 매운맛이 유행하는 것을 보면 그 말이 맞는 것도 같다.

아침 드라마는 늘 막장으로 욕을 먹고 새로운 드라마인 것 같지만 항상 비슷한 스토리다. 그리고 욕하면서도 계속 본다. 이것도 정크푸드나 매운맛 음식처럼 중독성이 있는 것 같다.

사무실에서 같이 일하는 한 남자 후배는 드라마에 중독되어 있는데, 남자면서도 아침 드라마를 정말 계속 본다. 재미있느냐고 물었더니 드라마라는 것은 한 번 보기 시작하면 어쩔 수가 없다고 대답해서 한참 웃은 적이 있다.

재밌든 재미없든 멈출 수가 없는 것. 이런 아침 드라마에는 세 가지 특징이 있다. 첫째는 다각관계다. 삼각관계를 넘어 꼬이고 꼬인 다각관계에 출생의 비밀까지 엄청난 관계의 꼬임이 있다. 둘째는 꼭 남편이 조강지처를 버린다. 이때 버려지는 조강지처들은 순수하고 남편만 사랑하고 대부분 집에서 아이들을 키우는 평범한 주부라 경제적인 능력이 없다. 그런데도 그만 남편이 버리고 만다. 셋째는 이 버려진 여자는 남편보다 젊고 능력 있는 솔로 남자를 만나게 되는데, 그 남자는 자기를 좋아하는 능력 있는 여자를 마다하고 버려진 여자를 좋아한다는 것이다.

결국 아침 드라마의 중독성과 비현실성은 남편이 버린 여자를 더 젊고 능력 있는 남자가 좋아하게 되는 데 있다고 볼 수 있다. 여기에 여성들의 실제 로망이 있는 것이다. 현실은 절대 남편이 나를 안 버린다는 것과 젊고 능력 있는 남자가 나를 좋아할 확률이 희박하다는 것. 그래서 여자들은 아침 드라마를 본다는 것이다.

정크푸드를 좋아하는 것과 막장 드라마에서 쾌감과 로망을 느끼는 것을 '길티 플레저(Guilty pleasure)'라 부른다. 남의 우산을 살짝 가져가는 것, 빌린 책을 돌려주지 않는 것 등 어느 정도 사회적으로 인정되는 작은 죄라고 할까? 슬럼프는 여기서 시작된다고도 볼 수 있다. 작은 반칙들이 계속되다가 결국 어느 날 펑 터지는 것, 평상시에는 오히려 아무 문제가 없는 듯 보이는 것 말이다. 나는 이것을 슬럼프라고 부르고 싶다.

무심한 일상의 반복만큼 오늘날 비즈니스 환경에서 위험한 것이 또 있을까? 아무 일도 없이 흘러가는 일상은 하인리히 법칙은 '300:29:1'으로 설명될 수 있다. 하인리히 법칙은, 주로 대형사건의 보험처리를 담당하던 하인리히가 1건의 대형사고가 발생하기 전에는 이미 29번의 분명한 사인과 300번의 미세한 징후들이 있었다는 것을 알아낸 것이다.

조직에서는 익명성의 힘이 작용하여 미세한 징후들이 초반에는 잘 드러나지 않는데, 잦은 지각이나 비양심적인 법인 카드 사용 등이 그 예이다. 두 사람 이상이 함께하면 공모가 되어서 공범의식이 생기고 오히려 이것이 정당화되는 것이다.

회사에서는 실패한 일을 찾아보기 어렵다. 혹은 '이 일은 내가 실패했다.'라고 공인하는 일도 거의 없다. 이것을 'Non successful success'라고 하는데 실제 성공한 것이 아닌 성공들이 회사에 계속 누적된다는 의미다.

회사에서 말하는 실패라는 것은 무엇일까? SK케미칼에 따르면 신약 개발 성공률은 1만 분의 1이라고 한다. 신규 사업(연구개발→생산판매) 성공률은 3퍼센트 미만이며, 벤처 창업 성공률은 10퍼센트 미만이다. 그럼 나머지 시도들은 모두 실패한 것이 된다. 「Failure/Mistake Tolerant Leader」(하버드 비즈니스 리뷰, 2002년)에서는 다음의 세 가지 태도가 리더에게 굉장히 중요하다고 하였다.

1. 구성원들의 실수를 용인하고 가치 있는 것으로 받아들인다.
2. 구성원들이 새로운 것을 탐구하고 착수할 수 있는 권한(Green light)을 준다.
3. 성공이냐 실수냐를 따지는 것이 아니라 얼마나 학습하고 경험하였는가를 중요하게 생각한다.

즉 회사에서 실수나 실패를 하지 않는 구성원은 결국 상사가 시키는 대로만 일을 하는 경우라는 것이다. IBM의 창업자인 토머스 왓슨은 천만 달러의 손실을 낸 구성원에게 회사에서 그 젊은 구성원을 교육시키는 데 단돈 천만 원을 투자했을 뿐이라며 격려했다.

"뛰어난 사람일수록 잘못이 많다. 그만큼 새로운 것을 시도하기 때문이다. 한 번도 이러한 태도를 'Successful failure'라고 한다. 실패를 통해 배우는 것 말이다. 회사에서 기업경영상의 실패란 의도한 목표와 실제 달성한 성과와의 차이(Gap)를 의미한다. 실패를 값진 학습과 교훈으로 받아들이는 것은 굉장히 중요한 태도다. 실수나 실패를 빨리 잊고 정상 컨디션에서 다시 시작하는 것이 얼마나 중요한가? 어떤 조직에서는 작은 실수가 용납되지 않기 때문에 구성원들이 진취적으로 일하지 않는다. 시키는 것만, 또 해야 할 일만 한다. 또 잘못이 생겨도 보고하거나 공개하지 않는다. 괜히 보고했다가 돌아올 후환이 두렵기 때문이다.

리더 입장에서 잦은 실수를 반복하는 구성원에게 계속 일을 맡기기는 어렵다. 조직에서 관리해야 하는 실수나 실패는 창의적인 것이다. 새로운 진전을 위한 지금의 시행착오 말이다. 이순신 장군은 거북선을 만들기 위해 수도 없는 시행착오를 했다. 거북선 모형이 바다에 가라앉아 많은 전우와 수군에 피해를 준 나대용을 죽이지 않고 계속 기회를 주었다. 그러나 이순신 장군이 엄격하고 가차 없었던 부분은 바로 탈영이나 매일의 전쟁 연습을 게을리하는 것이었다. 이런 것은 업무 과실로 분류되어 처벌 대상이 된다. 업무에서 반복되는 실수는 업무 숙련도의 문제이거나 구성원의 몰입 정도, 태만 등이 원인이 될 수 있다. 교육기회를 주거나 주의를 주어 집중적으로 고쳐주어야 한다.

누구에게나 슬럼프는 있다. 슬럼프를 만만하게 보면 안 된다. 스포츠 팀에서 슬럼프는 치명적이다. 우선 선수로서 경기를 뛸 수 없게 만든다. 슬럼프로 내려가는 징후들을 관리하고 철저한 자기 싸움과 동료들의 도움, 질책, 격려를 통해 빠져나와야 한다. 인생에는 내리막길과 오르막길이 있다. 변화관리의 목표는 조직이 원하는 다음 단계(목적 수준)로 신속하게 이동하는 것이다. 이를 위해 일상적인 업무에서 무한 반복적인 훈련을 해야 하는 것이다.

슬럼프의 징후는 대략 다음과 같다.

- 일이 재미가 없고 시시하게 느껴진다.
- 다른 사람들이 열심히 하고 있는 모습이 남 일같이 느껴진다.
- 팀장이나 리더가 나를 차별하는 것 같다.
- 나는 중요한 일을 담당할 수 있지만 나한테는 일을 시키지 않는다.
- 이런 일은 다 옛날에 해본 것이다.

- 나한테 피드백하는 사람들이 밉고 다 자기 잘난 척하는 것 같다.

- 최근 들어 동료들과 밥을 잘 먹지 않는다.

- 나의 외모를 잘 가꾸지 않는다.

- 업무 관련된 전문서적이나 전문가들의 글을 읽지 않는다.

- 새로운 일을 하는 게 두렵다.

- 모든 사람보다 나는 못난이다.

- 나는 아무것도 할 수가 없을 것 같다.

나에게 해당되는 것이 몇 개나 되는가? 다섯 개 이상 해당된다면 되도록 빨리 상사나 멘토가 되어줄 수 있는 선배와 상담하고, 될 수 있으면 업무를 바꾸는 것을 권한다. 지금 있는 조직을 바꾸기보다는 좀 더 긴장감을 가지고 할 수 있는 일을 찾는 것을 말한다. 긍정 심리학의 대가인 미하이 칙센트미하이 교수의 연구에 따르면 사람들이 긴장과 몰입을 느낄 수 있는 업무는 현재 자신의 수준보다는 좀 더 높은 수준의 과업이라고 한다. 또 슬럼프에 빠지게 된 원인을 진솔하게 동료들과 나누고 협조를 요청하는 것도 방법이다.

어떤 실수, 좌절 이후에 그다음 일을 하는 것에 대한 두려움이 있다면 나는 새로운 학습을 시작해보라고 권하고 싶다. 나는 한동안 어떤 일도 집중해서 하지 못한 시기를 보냈다. 작은 일도 열심히 했던 과거와 다르게 마냥 어두운 바다로 내려가는 기분이랄까? 꼭 몸이 물에 젖은 솜처럼 무겁기만 했다. 나는 슬럼프 탈출방법으로 엉뚱하게도 일본어를 배우기 시작했다. 목표를 크게 잡은 것이 아니라 수년간 배우려다 실패했던 히라가나부터, 그리고 일주일에 형용사 두 개, 단어 한 개만 외우는 식이었다.

또 한 가지는 수년간 배우려다 실패한 기타를 접고 우쿨렐레를 배우기 시작한 것이었다. 마침 내 주변에는 천재적인 우쿨렐레 연주가 코지 사카구치 상이 있었는데 그는 음악 전공자도 아니었다. 그는 내게 세 가지를 요구했다. 첫째, 우쿨렐레를 잡기 전에 항상 왼손 손톱을 깎아라. 둘째, 매번 튜너를 사용해서 조율해라. 셋째, 우쿨렐레를 늘 케이스에 넣어서 보관하라. 그 외에 연주기법을 가르쳐준 적은 없다. 그저 그가 연주하는 것을 듣기만 했다.

나는 늘 왼손 손톱을 점검하고 짧게 깎은 뒤 튜너를 사용해서 조율했다. 그리고 케이스에 넣어서 보관하고 있다. 작고 겸손한 이 악기는 음치면서 박치인 나에게 악기를 연주하는 기쁨과 함께 새로운 학습의 문을 열어주었다.

뭔가 일을 하기 전에 나를 점검하고, 다른 사람과 조율하고, 일을 소중하게 관리하는 것. 작고 겸손하게 하나씩 하나씩 일을 해 나가는 것. 이것이 일본어와 우쿨렐레를 통해 슬럼프를 빠져나와 다시 세상의 문을 연 나만의 방법이다.

그리고 지금 나는 새롭게 업무에 집중하고 있다. 후배들을 가르치고, 성질을 내면서 선배들과 싸우기도 한다. 물론 평가 철에는 팀장에게 굽실대기도 하고 뒤에서 후배들과 회사 욕도 한다. 재밌게 말이다.

성인은 실패를 통해 학습하고 성장한다. 존 듀이는 사람은 일평생 성장하고 학습하며 자신의 경험과 학습을 세상, 환경과의 상호작용을 통해 통합해간다고 하였다. 누구에게나 슬럼프는 있다. 그리고 누구나 실패한다. 그러나 그것은 끝이 아니고 시작이다. '이카루스의 추락'이라는 그림에 보면 추락한 이카루스는 바다 위의 점으로만 보이고 세상은 평온하다. 나는 처음에 이 그림에 좌절했었다. '아, 누군가의 일생을 건 시도와 실패가 결국 세상에는 아무 소리나 외침도 못 내는 것이란 말인가?' 하지만 우리는 이카루스의 신화를 아직도 얘기하고 있다. 인간의 욕심에 대해, 아버지와 아들의 노력에 대해서 말이다. 그럼 이카루스는 죽었나? 그렇지 않다. 아직도 계속 날개를 달고 있다.

실패는 누구도 가지 않은 길을 낸 것이다. 그 길이 날 때까지 또 계속 걸으면 된다. 모든 추락한 것에 새로운 날개를 달고 작은 것부터 시작해보자.

쓸데없이
경쟁하지
않는다

너희의 믿음의 역사와 사랑의 수고와 우리 주 예수 그리스도에 대한

소망의 인내를 우리 하나님 아버지 앞에서 끊임없이 기억함이니.

(살전 1:3)

. . .

나의 첫 번째 책은 여성 리더십과 관련된 이야기였다. 조직생활을 오래 한 입장에서 뭔가 여자 후배들에게 주고 싶은 메시지가 있기도 했지만 솔직히 내가 책을 쓰게 된 것은 순전히 주변 선배와 동료들의 권유에 떠밀려서다. 왜냐하면 『소통』, 『부하직원이 말하지 않는 진실』 같은 책으로 유명해진 '팀과 리더 이야기'의 박태현 대표가 당시 나의 동료였는데, 그와 나는 SK텔레콤 경력사원 입사 동기였다. 책 쓰기와 과정개발 그리고 강의에 탁월한 능력을 가진 그가 소통에 관한 이야기를 책으로 출간하자 주변에서 '너도 책을 써야 하지 않느냐.'고 계속 성화였다. 그런 기대를 한 몸에 받는다는 건 의외였지만 어찌 됐든 덕분에 나는 책을 쓰기 시작했다.

신입사원 시절, 나는 늘 남자 동기 K와 비교가 되었다. K는 ROTC 장교 출신으로 8월에 졸업했기 때문에 미리 배치되어서 일하고 있었다. 교육 장교 출신이라 일도 얼마나 잘하는지 입사한 지 2년은 되어 보였다. 반면에 나는 매사 뭔가 어수룩했다. 그런 비교가 부담스러웠지만 나의 모든 회사생활은 K가 기준이 되었다. 나는 의식하지 않는다고 생각했지만 선배들은 내가 K를 굉장한 경쟁자로 의식한다고 생각했던 것 같다. 당시 7:4제를 하던 회사의 문화에 따라 나는 일과 이후에 영어 학원을 수강하고 다시 회사로 돌아오곤 했다. 나중에 회식자리에서 들어보니 선배들 사이에서는 내가 K보다 늦게 퇴근하는 것이 자존심 상해서 미리 나갔다가 K가 퇴근한 후에 다시 사무실에 와서 일한다는 소문이 돌았다고 했다. 아무튼 어이없는 소문이긴 했지만 내가 남자들을 이기고 싶어 했던 것은 사실이기에 그렇게 오해했을 수도 있다고 생각했다.

K와 나는 실제로 사이가 무척 좋아서 자주 호프집에 같이 가곤 했다. 약간 무르고 마음이 약한 편인 우리 둘은 강성인 후배들이 들어오기 시작하자 각자 당한 상처를 가슴에 담고 호프집에서 선배가 아닌 후배들 뒷담화로 마음을 털어내곤 했다. 우리때는 정말 안 그랬는데 어떻게 그렇게 무개념이냐는 등 얘기하면서 말이다.

조직에 몹시 높은 충성도를 가졌던 K는 당시 교육담당자의 길을 가겠다고 결심하고 나에게도 그렇게 가자고 제안했다. 둘 다 그룹 입문 때 진행복을 입은 선배들의 모습에 홀딱 반한 상태여서 꿈에 부풀었었다. 그래서인지 아직 K도 나도 20년 가까이 HRD라는 트랙을 걷고 있는데, 이것은 내 젊은 시절 동기 덕분이다.

〈여배우들〉이라는 영화가 있다. 이 영화는 리얼 다큐처럼 구성되어 있는데 연령대를 대표하는 당대의 최고 여배우들을 섭외해 잡지 사진을 촬영하게 되면서 벌어지는 이야기이다. 윤여정, 이미숙, 고현정, 최지우, 김민희 같은 정말 멋있고 예쁜 여배우들이 나온다. 그 과정에서 드러나는 자잘한 대우나 처우들에 대한 자존심 싸움, 또 자신이 입은 옷을 다른 여배우가 입었다는 얘기 들을 때의 묘한 웃음과 함께, "아, 그분한테 이 옷은 너무 작을 텐데."라고 반응하는 장면들이 세심하게 그려져서 재미있게 봤다.

라이벌은 경쟁자라는 뜻이다. 라이벌에 대한 재미있는 질문이 있는데 '이마트의 경쟁자는 누구일까?'이다. 이 질문에 대한 가장 흔한 답은 홈플러스, 롯데마트다. 그렇지만 이마트는 스스로의 경쟁자를 에버랜드로 정의하고 있다. 삼성그룹의 이건희 회장은 항상 사업의 개념을 중요하게 생각하고 이것을 신중하면서도 독특하게 정의하는 것으로 유명하다. 이마트의 업의 개념은 무엇일까? 어떤 업의 개념을 가지고 있기에 에버랜드를 경쟁업체로 정의한 것일까?

대부분 사람이 이마트를 유통업이라고 생각한다. 그런데 이마트의 업의 개념은 '부동산업'이라고 하니 처음 듣는 입장에서는 다소 이상하게 느껴질 수도 있다. 이마트 주변의 지하철역이나 아파트 단지를 떠올려보면 부동산업과 관련되어 있는 것 같기도 하다. 이 부분에서 내가 생각한 것은 바로 '공간'에 대한 개념이다. 즉 '이마트'라는 공간에서 고객들이 무엇을 하며 시간을 보내게 할 것이고 그 시간 동안 어떤 가치를 소비하게 할 것인가의 문제로 업을 본 것이다. 그렇게 생각해보면 이마트가 생각하는 에버랜드와의 경쟁 포인트는 아마도 '여가'와 '즐거움'일 것이다.

『나이키의 상대는 닌텐도다』라는 책이 있다. 처음에 이 제목을 접했을 때는 나이키는 아웃도어 제품이고 닌텐도는 인도어 게임 제품이기 때문이라고 쉽게 생각했지만, 사실 나이키는 오래 전부터 디지털 스포츠웨어 사업부를 두고 사람의 인체에 관련된 인공지능적인 스포츠웨어를 연구해왔다. 닌텐도의 '위(wii)'라는 게임이 실내공간 인도어에서도 다양하고 상당히 활동량이 많은 운동을 하면서 게임을 할 수 있다는 것을 고객에게 알게 한 것뿐 아니라 실제 우리의 몸과 똑같이 움직이는 아바타의 모션 싱크로율에 놀란 것도 사실이다.

2014년 라스베이거스 전자 쇼의 최고 화두는 홈네트워킹이었고, 2015년 ICT의 최고 화두는 웨어러블 미디어다. 사물 인터넷에 대해 실제 상품에 대한 진화가 빠른 속도로 진행되고 있는 상황이다. 이 두 가지 사례를 볼 때 지금은 산업 간 고유 영역이 존재하지 않는다는 것을 알 수 있다.

경쟁자가 나의 정체성과 현재 수준을 말해준다. 세기의 라이벌에 대한 이야기는 언제나 사람들의 흥미를 끈다. 내가 리더십의 사례로 자주 쓰는 이야기는 아문젠과 스콧의 남극 탐험 대결이다. 두 사람은 서로 성향이 달랐고 다른 리더십을 발휘했다. 아문젠은 개방형 리더십으로 탐험 중간에도 사람들을 자기 텐트로 불러 편하게 음식을 나누며 그날 하루의 탐험과 문제 등에 대해 자유롭게 토의하게 했다. 군인 출신인 스콧은 영국 신사이자 군인답게 탐험 대원들과는 거리를 두고 주로 중간 리더들과 대화를 했다. 실질적인 탐험에서 생존보다는 소위 영국 신사의 품격을 더 중요시했던 것이다.

아문젠은 탐험대의 짐을 옮기는 일에 추위에 잘 훈련된 시베리아 개들을 사용했다. 개들이 끄는 썰매로 이동하면서 짐에 대한 부담과 탐험대원들의 육체적 피로를 최소화했다. 개들이 지

치거나 더 갈 수 없어지면 식용으로 사용하기도 했다. 하지만 스콧의 팀에서 이것은 생각도 할 수 없는 일이었다. 개를 먹는다니! 스콧 팀은 이동과 짐 이동에 말을 사용했다. 훈련된 말이었지만 개들보다는 추위에 훨씬 약했고 발바닥에 넣은 징 때문에 얼음에 말의 발이 붙어 전진에 애를 먹기 일쑤였다. 결국 탐험대원들은 말을 활용하기보다 말 관리에도 힘이 들어 이중으로 지치고 부담을 갖게 되었다. 어찌 되었건 이 세기의 라이벌 덕분에 지금의 남극 탐험과 연구기지가 발견된 것은 사실이니, 경쟁자는 바로 나를 키우는 사람이다.

2014년 SK텔레콤의 슬로건은 '자승자강(自勝者强)'이었다. 바로 자신의 라이벌은 자기 자신이라는 뜻이다. 1위 업체가 누구를 라이벌로 제시할 수 있을까. 또한 지금처럼 사업 간 영역과 경쟁자의 구분이 애매해진 시대에 진정한 라이벌이 자기 자신이라는 것은 길고 먼 싸움을 해야 하는 상황에 좋은 지향점이다.

소치 올림픽을 은메달로 장식하고 은퇴한, 여성 피겨 싱글에서 세계적인 자취를 남긴 김연아 선수가 좋은 사례다. 전 국민뿐 아니라 세계 피겨 스케이팅 팬들은 김연아 선수의 두 번째 금메달을 염원했다. 금메달과 함께 은퇴하기를 기대했다. 그러나 실제 김연아 선수 본인은 많은 인터뷰나 신문기사에서 단 한 번도 금메달이 목표라고 언급하지 않았다. 오랜 선수생활을 은퇴하는 마지막 무대에서의 목표는 '클린 연기'였다. 결과에 집착하기보다 자신이 목표로 한 연기를 하는 것이라고 말해왔다. 소치 올림픽은 얼음판의 질에 대해서도 굉장히 말이 많았다. 스케이트 날과 잘 맞지 않아서 우리 선수들이 재대로 가량을 펼치지 못한다고 연일 뉴스에서 보도했다. 그러나 이에 대해서도 김연아 선수의 반응은 일관성이 있었다.

"이런 얼음판 저런 얼음판에서 다 경기를 해봤다. 결국 다 같은 조건이라고 생각한다. 모두들 열심히 하는 상황이다. 스포츠는 그 한 순간에 어떻게 하느냐로 결과가 나온다. 그렇기 때문에 정말 집중하고 최선을 다해야 한다. 어떤 상황이든 내가 목표로 한 것을 할 수 있느냐가 중요하다."

얼마나 영리한 선수인가! 스포츠맨십이란 이런 것이라고 생각한다. 만약 김연아 선수가 자신의 목표를 금메달이라고 말해왔다면 경기가 끝난 후 얼마나 힘들었을 것인가. 그 많은 판정 시비에 말려서 아마도 가장 슬픈 은퇴선수가 되었을 것이다. 그러나 김연아 선수는 스스로 클린 연기를 목표로 삼았고 이를 달성했다. 이것은 세계의 눈이 다 본 것이다. 그리고 다음 단계에 자신이 가야 할 길을 묵묵히 가고 있다. 지도자의 길 말이다. 스스로가 라이벌인 사람이 자신을 이기는 승부의 좋은 예라고 생각한다.

학습학자들은 언러닝에 대해서 많이 이야기한다. 그것은 이전에 가지고 있던 학습과 경험을 폐기하는 것을 말한다. 이것이 어려운 이유는 매일의 학습과 일이 그야말로 고된 노동이기 때문일 것이다. 공부가 즐거운 학업이 아니라 매일 외워야 하는 외국어 단어들과 곧 돌아오는 시험을 준비하는 것이라면 그것은 말 그대로 노역이다. 일을 통해 성장하는 기쁨보다 매일 실적을 맞춰야 하고 숫자에 쪼이느라 허덕거리고 있는 일상이 사실 훨씬 많다.

학습은 녹록하거나 낭만적인 것이 아니라 사실은 생존과 관련이 있다. 그만큼 학습은 삶만큼이나 치열하다. 새로운 포도주는 새로운 부대에 담으라는 성경의 가르침도 있듯이 낡은 부대에 새것을 담으면 낡은 부대도 터지고 포도주도 쏟아져서 못쓰게 되고 만다. 다음 단계로 가기 위해서는 이전에 나를 유지하고 존재하게 하던 것을 내려놓아야 한다.

나의 라이벌은 내가 성장하는 데 중요한 지렛대가 되어주기도 하지만 때로는 나를 너무 힘들게 하기도 한다. '저 사람만 없었다면…'이라고 생각되는 사람이 어딜 가나 꼭 있다. 연차가 비슷할 경우 승진, 각종 선발 프로그램에서 항상 같이 걸리게 된다. 똑같이 열심히 했어도 누군가가 고과를 더 높게 받고, 승진도 마찬가지다. 어느 정도까지는 같이 갈 수 있지만 점점 연차가 많아질수록 회사에서 더 인정받는 사람이 생기게 된다. 남과 비교하면서 앞으로 나아가는 것은 나를 더욱 채찍질할 수 있어 좋기도 하지만, 어찌 보면 지독히 나를 초라하게 만들기도 한다.

'나는 뭔가? 여태껏 뭐 했나? 왜 나는 저 사람만큼 인정받지 못하나?'

이런 생각은 스스로를 옥죈다. 흔히 자기 연민의 다음은 분노다. 분노라는 감정이 나에게 올라오게 되면 갈등이 생긴다. 그것이 밖으로 표출되든, 안으로 삭이든 화가 나는 것을 어찌하랴. 사람의 마음만큼 마음대로 되지 않는 것은 없는 것 같다. 다른 사람의 마음뿐 아니라 내 마음도 그렇다.

대나무는 안쪽이 비어 있어 잘 부러질 수도 있지만 마디에 있는 힘이 버틸 수 있게 해준다고 한다. 각 마디에는 대나무가 자랄 수 있는 성장점이 있다. 갈등의 시기는 대나무의 마디라고 할 수 있다. 그 안에 성장점이라는 비밀이 있다는 것은 회사생활에서 발견할 수 있는 놀라운 지혜다.

내 라이벌에 뒤져서 힘들었던 갈등 지수만큼 내가 성장한 시기라고 생각하고, 남과 비교하지 않는 지혜를 배우는 것이 중요하다. 덕분에 내가 이만큼 컸으니 오히려 감사한 일이 될 수도 있을 것이다.

때로는
싫은 소리도
할 줄 안다

조용히 들리는 지혜자들의 말들이 우매한 자들을

다스리는 자의 호령보다 나으니라.

(전 9:17)

· · · ·

후배는 무엇일까? 요즘 회사에서 후배라고 부를 수 있는 사람이 있는지 모르겠다. 나보다 늦게 입사한 사람은 나보다 후배인가? 아니면 나를 선배로 따르고 존중해주는 사람이 후배인가?

"후배라고 다 후배는 아닌 거 같습니다. 아무래도 내가 손을 많이 대고 가르치고 밥도 사 먹이고 술도 마시고 같이 고생한 친구가 후배죠."

"나한테 배웠다고 생각하는 친구들이 후배 아닐까요?"

"학교 후밴데 회사에서 만난 경우 더 끈끈한 거 같긴 해요."

"그래요? 더 어색하고 학파 만들지 말라고 오히려 더 좀 조심스럽고 그렇지 않나요?"

최근 10여 년 사이에 많이 달라진 회사의 풍속 중 하나는 후배라는 존재가 동료나 파트너이지, 전처럼 내가 붙들고 가르치고 야단치고 키워내야 하는, 소위 후배라는 관계의 개념이 상당히 희박해졌다는 것이다. 나와 친한 한 동료는 작년 말 고과 면담의 중요한 포인트가 '상사나 선배가 눈치 보게 하지 말라.'는 것이었다고 했다. 그리고 고과도 별로 좋지 않았다고 한다.

나도 주니어 시절에 종종 그런 얘길 들었었다. "이분은 제가 모시고 일하는 후배십니다."라는 말을 그저 웃으며 지나쳤었다. 아마 사사건건 내 의견이 맞다고 주장하는 나에 대한 선배의 의견이었을 테고, 그게 일하는 데 큰 영향은 없다고 생각한 것이다. 그 자리에 있어보지 않으면 그 마음을 모른다고 했던가. 중견 사원들, 선임쯤 되는 사람들과 대화해보면 요즘 후배들에게 야단을 치거나 가르치기가 부쩍 힘들다는 이야기를 한다. 즉, 후배들을 대하기가 너무 어렵다는 것이다.

지금은 직책자를 제외하고는 사실 서로 평등한 관계다. 그리고 인격적으로도 동등한 관계다. 부서에 전입해오든 신입이든 먼저 있던 고참이 도와주지 않으면 어떻게 일해야 하는지 모르기에 하나하나 잘 가르쳐주고 일을 할 수 있게 해주어야 한다. 처음 부서에 배치를 받으면 OJT(On the Job Training) 시간을 갖는데, 이 시기는 무슨 일을 해야 하는지를 배우는 시기다. 그런데 요즘 후배들은 이 시기를 되도록 빨리 벗어나고 싶어 한다.

– 전입 3개월: 언제까지 제가 저분의 지시를 받으면서 일해야 하나요?

– 전입 1개월: 왜 저분에게 지도를 받아야 하나요?

이런 경우는 선배로서 리더십을 인정받지 못하는 경우다. 계속 갈등이 일어난다. 자기의 말이 안 먹히는 후배를 보는 기분이 어떨까? '제대로 하는 건 하나도 없으면서 감히 나를 무시하다니, 어디 너도 한번 당해봐라.' 하는 식으로 내가 퇴근하기 전엔 먼저 퇴근하지 말고, 복사하기, 이면지 파쇄하기, 밀린 잡무 처리하기 등을 시켜보고 마음고생을 좀 시켜보기도 하지만 어디까지나 소심한 복수에 지나지 않는다. 그렇게 해서 후배의 마음이 수그러들거나 내 말을 따르게 하기는 어렵다.

그렇다고 이전처럼 대놓고 쓴소리를 하기도 쉽지 않다. 인격적으로 모욕감을 느끼게 하면 안 되기 때문이다. 이런 상황은 팀장이 조정해주어야 한다. 정확하게 업무를 배워야 하는 기간을 주고 그 시기가 지나면 어느 정도 관계를 정리해주는 것이다.

사수와 부사수로 맺어진 관계는 정말 돈독하고 끈끈한 것 같다(물론 기억하는 것이 괴로운 사람들도 있겠지만). 아무리 오랜 시간이 지나도 나의 사수는 항상 생각이 난다. 오늘날에는 이런 관계보다는 되도록 부서에 빨리 적응하고 일을 배울 수 있도록 도와주는 사람을 사수라고 생각한다.

"후배에게 쓴소리 좀 제대로 했으면 좋겠어요. 언제부터인가 업무에 대해 이야기를 하면 자기가 팀장도 아니면서 일을 지시한다고 하는데, 혼자서 일을 다 할 수도 없고 어디까지 일을 도와줘야 하는지도 잘 모르겠고 해서요."(고참 선임)

"언제까지 저는 뒤치다꺼리만 해야 하나요? 저도 제 이름으로 보고서 쓰고 직접 임원과 대화하면서 일할 수 있는데요. 누구나 다 할 수 있는 거 아닌가요?"(후배)

＼ 이런 경우는 후배들이 어느 정도 성장을 한 경우다. 이럴 때 사수이자 선배 역할을 해온 입장에서는 쓸쓸한 마음이 들기도 하고, 아이를 학교에 그만 보내야 하는 엄마의 마음이 들기도 할 것이다. 그래도 자기 완결적으로 업무를 다 수행하기는 아직 어렵기 때문에 이럴 때는 오히려 리버스 팔로어십(Reverse followership)을 발휘해야 하는 상황이 된다. 즉 모든 일을 후배가 주도적으로 할 수 있게 하되 나는 소스를 제공하고 보고서를 쓸 수 있도록 가이드를 주고 자원을 붙여주는 것이다. '왜 그래야 하지?'라고 생각할 수도 있겠지만, 그래야 두발 자전거를 혼자 타는 후배들이 부서에 많이 생겨나게 되고 팀의 업무가 성장해 갈 수 있기 때문이다.

내 업무를 나보다 후배가 더 잘하게 되면 나는 일이 없어져서 밀린다고 생각할 수도 있다. 이것은 실제로 일어나는 팀에서의 경쟁 구도이기도 하다. 그러나 팀에서는 각자 위치와 역할이 있다. 팀장은 모든 팀원을 더욱더 중요한 일을 만들어내며 일해 갈 수 있도록 키워야 한다. 내 일이 없어질 것을 두려워해서 일을 쥐고 있다면 한 해 두 해는 성공할 수 있겠지만 팀 전반적으로는 역량이 성장하지 못하기에 결국은 오그라드는 정책이 되고 만다.

후배들에게 좋은 선배는 어떤 사람일까? 언뜻 드는 생각으로는 속상하거나 억울한 일이 있을 때 같이 들어주고 자기 사비를 털어서 밥도 사주고 내가 모르는 것을 가르쳐주는 사람 좋은 형이나 누나의 이미지가 떠오른다. 레반스가 정의한 리더십의 영향력의 원에는 '평판력(Reputation power)'이라는 것이 있는데, 이것은 어떤 사람이 그 사람의 인격이나 성품, 혹은 관계로 영향력을 발휘하는 것을 말한다. 즉 이런 것이다.

"아, 나 그 선배가 말하는 건 팥으로 메주를 쑨대도 믿어."

"아, 나 그 선배가 부서 옮길 때 같이 가자고 하면 같이 가고 싶어. 무조건."

그러나 레반스가 지적하는 '평판력'에서는 그 사람이 조직 내에서 실제로 실적을 얼마나 발휘하느냐와 전문성이 얼마나 있는가가 뒷받침되지 않는다면 그는 그저 좋은 사람일 뿐이라는 것이다. 나는 이 말이 상당히 일리가 있다고 생각한다. 컨설팅 업계에서 잔뼈가 굵은 친구에게 이 문제에 대해 물었다.

"후배들에게 진심으로 공감하고 경청하는 게 중요하지. 스스로 할 수 있도록 기다려주고. 그렇지 않을까?"

"글쎄. 나는 좀 다르게 생각하는데?"

"어떻게 다르게 생각하는데?

"만약 진짜 사람 좋은 선배가 있어. 그리고 한 사람은 독사 같아. 아니면 꼭 사냥개 같아서 한 번 물리면 정신 못 차리게 당한다고 치자. 만약 내가 진짜 퍼포먼스 코드를 잘 받을 수 있고 승진도 할 수 있는 좋은 프로젝트가 떴는데 그 프로젝트는 항상 독사 같은 선배가 리더야. 그러면 후배들이 누구랑 프로젝트를 하려고 할 거 같아?"

"글쎄. 나는 후배들의 상황에 따라 다를 거 같아."

"그래. 네 말도 맞는데 대부분 젊은 친구들은 다 독사 밑으로 줄을 서게 돼 있어. 그게 조직의 생리야."

갑자기 또 낭만이 확 깨지는 것 같다. 사수, 부사수, 선배, 후배 얘기하다가 성과와 평가, 승진의 문제로 돌아오니 곧바로 못된 선배라도 실력 있는 사람이 좋다는 것인가! 역시 조직이라는 곳은 살아 있는 사람들이 살아가는 현장이기 때문에 피가 흐르듯이 다양함이 흐르는 것 같다. 한 가지 드는 의문은 과연 정말로 독사만이 생존할까?

"예전에는 좋은 선배들이 참 많았는데요. 요즘은 그 선배들이 다 회사를 나갔거든요. 사람이 좋고 후배들한테 잘해줘서는 어느 이상 승진을 더 할 수가 없으니까요. 그리고 본인 스스로 못 견디기도 하고요. 결국 잘 쪼고 잘 다그쳐서 실적을 내는 사람들이 조직에 남고요. 그러다 보면 그런 리더십을 배우게 되니까요. 또 그런 후배들이 리더가 되는 것 같더라고요."

나의 생각은 좀 다르다. 쪼는 것, 다그치는 것은 리더십을 맡은 사람의 성품이고 방식이다. 이것은 훈련을 통해서 성숙하고 다듬어져야 할 것이다. 최근 리더십의 화두는 '진정성'이다. 성과를 어떻게 낼 것인가? 내가 포지션에서 계속 뭔가를 후배들에게 대가로 주면 그 대가를 바라고 내 밑으로 모이는 사람들이 있다고 치자. 그런데 오직 관계가 그 거래적인 대가로만 형성되어 있다면 어느 날 내가 실패해서 더 이상 후배들과 일할 수 있는 보상이 사라졌다면 나의 리더십은 없어지게 된다. 즉 내가 독사였는데 독이 다 빠지면 죽게 된다는 이야기가 된다. 슬프지 않은가? 결국 어떤 지점에서 진정성이 서로 만나고 통해야 한다.

"나는 부임한 지 3개월 동안 절대로 성과에 대해 이야기하지 않을 예정입니다. 나에 대해서 구성원들이 잘 모르고 나도 구성원들 하나하나를 잘 모르고, 시장이 어려운 것만 서로 아는 채로 실적을 얘기하고 싶진 않아서요. 서로 진정성이 통할

　매일 사투가 벌어지는 전쟁 같은 영업 현장이다. 시간 단위로 실적을 체크해야 하는 상황이다. 물론 유니클로 같은 회사는 15분 단위로 체크한다고 하기도 하지만 말이다. 이걸 실천하기가 과연 쉬울까 생각했는데 결과는 성공적이었다. 누군가를 야단치는 것, 쓴소리를 하는 것은 상당한 신뢰가 있어야 가능하다. 아니 신뢰를 전제로 하고 있어야 한다.

　왜 후배에게 쓴소리를 못할까? 그것은 자신이 없기 때문이다. 일에 대한 것뿐 아니라 사람에 대해 진정으로 애정을 쏟는 일은 에너지가 얼마나 많이 들며, 얼마나 많은 공을 들여야 가능한가. 사실 귀찮은 일이다. 내 일을 하기도 바쁜데, 어떤 후배의 먼 장래를 생각해서 지금 내가 해줄 수 있는 바둑 한 수를 가르치는 것과 같다. 그것이 당장 나하고 일할 때 도움이 되기 때문이 아닐 수도 있다. 그런 관계를 넘어서야 쓴소리를 할 수 있다.

　최근 많은 회사의 기업문화가 '강한 조직', '이기는 문화'를 표방한다. 그래서 리더십 스킬을 가르치는 패턴도 달라지고 있다. 공감해주고 칭찬해주는 것은 기본이다. 리더십을 발휘하는 것도 상당히 자라야 한다. 칭찬만 해서는 안 되고, 쓴소리를 하고 직면을 시켜야 한다. 그래야 자랄 수 있다. 낱낱이, 적나라하게 다

테이블 위에 올려놓고 이야기해야 한다.

감정이 상할 수도 있다. 우리는 너무 오랫동안 이런 것을 피해 왔다. 좋은 게 좋은 거라고, 내가 나쁜 사람 되고 싶지 않기 때문에, 또 어느 정도 인기관리를 위해서, 또 그만한 애정과 열정이 없었기 때문에….

화를 참지 못해서 분풀이를 해대는 것과 올바른 쓴소리는 다르다. 참지 말고 최적의 타이밍에 제대로 된 코칭을 해주는 것이 필요하다. 일하는 방법에 대해서, 관계를 잘 맺는 법에 대해서, 그리고 내가 무엇 때문에 불안한지, 일에 대해 어떤 걱정이 있는지를 서로 마음이 통할 때까지 해야 한다.

"시간이 없는데요, 매일 일을 해치워야 하는데 그럴 시간이 어디 있습니까?"

일을 하면서 해야 한다. 일과 진정성 있는 직면이 따로 있는 것이 아니다. 그때 비로소 후배도 자신의 의견을 말할 수 있지 않을까? 시키는 대로만 하던 후배가 놀랄 만큼 대단한 열정과 총기를 가진 사람이라는 것을 알게 될 테니, 손해볼 일은 아니다. 나도 후배도 함께 성장하는 좋은 파트너가 될 수 있다.

쓴소리하는 선배님, 당신과 일하고 싶습니다.

타성에 젖지
않기 위해
노력한다

의로운 길에 생명이 있나니 그 길에는 사망이 없느니라.

(잠언 12:28)

····

　'젖은 낙엽'이라는 말은 조직 내에서는 상당히 씁쓸한 여운을 남기기도 하는 단어다. 2000년대 초반만 해도 인재 시장은 이직이 비교적 자유로울 만큼 취업 시장이 많이 열려 있는 데다 한 회사에서만 충성하는 데서 자신의 전문성을 바탕으로 더 좋은 조건으로 이직을 권면하는 문화가 있었다.

　IMF 이후 구조조정이 일반화되고 경제 위기를 극복하기 위해 벤처 붐이 한바탕 일었고 거품이 있기도 했지만, 대기업 못지않은 연봉과 자유로운 조직문화가 있었기 때문에 많은 젊은 인재들이 벤처로 이동했다. 또한 외투법인들도 인기가 많았다. 복리후생도 다양하고, 무엇보다 일하기가 좋고 합리적인 문화들 때문이었을 것이다.

구조조정 이후 안정된 조직과 IT산업으로 다시 경제가 성장으로 가자 국내 기업들도 복리후생 등 일하는 조건이나 보상 수준을 상당히 높이기 시작한 데다 벤처의 거품이 빠지고 한국보다 중국에 매력을 느끼기 시작한 외투법인에 대한 불안감 때문이었는지 핵심인재들을 한국 기업으로 재영입하는 일도 많아졌고, 한국 기업에 대한 선호도가 다시 높아졌다. 그리고 아무래도 한 회사에서 버티자는 분위기가 다시 높아지게 되었다.

한국의 기업문화 중 대표적인 것을 꼽으라면 연공서열, 남녀차별을 들 수 있다. '젖은 낙엽'이란, 일단 나뭇가지에서는 떨어졌는데 나무 주위 바닥에 착 달라붙어서 빗자루로 쓸어도 쓸리지 않고, 바람이 불어도 날아가지 않고, 불로 태우려고 해도 잘 타지 않는 것을 의미한다. 회사에서 있는지 없는지 모를 정도로 존재감이 없고 마치 오래된 벽지처럼 그냥 붙어 있다는 처절한 뜻도 있다. 처음부터 이렇지는 않았겠지만, 세월이 지나면서 오랜 관습과 타성에 물들어 자신도 모르게 그렇게 된다. 이 분류에 들어가게 되면 우선 눈에 띄는 점이 일을 안 한다는 것이다.

모 공기업에 들어간 어느 구성원의 이야기다.

"이 회사에 어렵게 시험 봐서 들어왔습니다. 그런데 들어와보니 과장 이상부터는 일을 안 합니다. 정말 일을 하는 사람이 없습니다. 대부분 검토를 해주는 게 일이니까요. 의사결정을 하는 것은 아니기 때문에 실무를 하는 사람이 없다는 것입니다. 그렇다 보니 제가 얼마나 바쁘겠어요. 저는 정말 모든 사람의 심부름을 해주러 회사에 들어온 것 같습니다."

PC를 하루 종일 보고 늦게까지 퇴근도 안 하지만 실상 이 사람이 하는 일은 별로 없다. 그리고 또 하나의 특징은 프로젝트나 과제가 주어져도 그 일을 리더가 하지는 않는다. 그 프로젝트의 수행을 위해 어느 부분을 담당하기는 하지만 책임지는 위치에 있지는 않게 된다. 회사의 구조나 취약한 부분에 대해 빠삭하기 때문에 위기가 와도 잘 피해가며 다음 단계에 올 위기를 미리 예측하기도 한다.

연말에는 많은 사람이 점을 보러 간다. 미래가 불안하기 때문이다. 같이 일하는 여자 후배도 점을 보러 가고 싶다고 푸념을 자주 할 만큼 자기 직장생활의 미래에 대해 답답함을 호소하기도 했다. 전에는 사업을 하거나 임원 승진을 앞둔 중년 이상이 점을 보러 갔지만 요즘은 젊은 사람도 점을 보러 간다. 우리는 미래를 알 수 없다. 나의 운명이 어떻게 될 것이냐는 질문에 누군가가 말해주는 것을 믿는다는 게 더 대단해 보이기도 한다. 그래서 우리의 삶을 지탱하고 있는 것이 얼마나 연약한가를 생각하게 된다.

경영의 미래를 읽어내는 것을 연구하는 학자들은 일 년 후의 미래를 정확히 예측할 수 있다고 말하기도 한다. 그것에는 두 가지 방법이 있는데, 한 가지는 내가 하루의 대부분 시간을 어떤 사람들과 보내는가를 보면 된다는 것이다. 참 놀라운 통찰이다. 일반적으로 회사에서 가장 많은 시간을 보내기 때문에 결국 회사에서 만나는 사람들 중에서 가장 많은 시간을 보내는 사람의 모습이 우리의 일 년 후를 결정한다. 걱정되는 모습인가? 동기유발이 되는 사람인가? 저 사람 정도면 도전하고 싶은 사람인가? 나의 일 년 후 모습이 지금 내가 그처럼 힘들어하는 '젖은 낙엽' 선배라면 진지하게 고민해볼 필요가 있다. 나의 미래는 정확하게 함께 일하는 사람들의 모습이다. 최소한 일 년 후의 모습 말이다. 또 나의 모습도 구성원들에게는 일 년 후 그들의 모습이 된다. 나 역시 책임이 있다. 조직생활이란 그런 것이다.

　나의 일 년 후 모습을 알 수 있는 다른 방법은 내가 어떤 책을 가장 많이 읽고 있는가를 보는 것이다. 어떤 사람은 업무와 관련한 책을 거의 읽지 않는 사람도 있다. 매일의 일상 업무에만 쫓기기 때문이다. 지금은 너무나 많은 양의 새로운 정보가 쏟아져 나온다. 그래서 톰 피터스는 몇 년 전에 이미 『미래를 경영하라』는 책의 표지에 '!'를 크게 그리고 책의 내부를 거의 잡지처럼 설계하기도 했다. 그것은 머물러 있는 지식이나 정보는 없다는 것을 상징하는 책이기도 했다.

젖은 낙엽의 또 한 가지 특징은 학습이 멈추었다는 것이다. 지식과 관련해서는 늘 수년 전에 학습한 버전이 최신이다. 그래서 늘 과거 이야기만 한다. 업무에 관해서는 과거 자신의 영웅담과 성공사례만을 말한다. 몇 번을 들었는지 외울 정도다. 그리고 그 동일한 프레임 안에서 반복적인 패턴으로 학습이 이루어진다.

조직생활을 오래 했지만 수행하는 업무의 난이도는 입사한 지 얼마 안 된 구성원과 비슷하다. 이는 일차원적인 학습 수준에 멈춰 있기 때문이다. '단일순환학습(Single loop learning)'이라고도 하는데, 늘 하던 방식과 틀에서 벗어나지 못하는 상태를 말한다. 학습과 소통이 외부와 단절되어 있으면서 다른 사람의 이야기를 듣지 않는다. 즉 합의를 이끌어내기 어렵다. 글로벌 컨설팅 업체인 타워스왓슨에서 조사한 바에 따르면 한국에서 열심히 일하는 사람 비율이 8퍼센트, 열심히 일하지 않는 사람 비율이 45퍼센트라고 한다.

'Working hard but hardly working'이라는 말이 있다. 열심히 일하는 것 같은데 거의 일하지 않는다는 것이다. 자리만 지키고 있다는 것이다. 이런 분들과 미팅을 하고 나면 진이 빠지곤 한다. 그 이유는 항상 이런 식으로 끝나기 때문이다.

– **팀장:** 이번 가을 판촉 아이디어를 한번 같이 얘기해봅시다.

어떤 생각이 있나요?

– **젊은 낙엽:** 작년에 했던 거나 한번 다시 보죠.

– **팀장:** 올해랑 작년은 시장상황이 아주 다르잖아요. 새로운 관점에서 일을 해야
할 거 같은데….

– **열심당원:** 네, 알겠습니다. 그럼 그렇게 하시죠.

– **젊은 낙엽:** (묵묵부답)

– **신입사원:** 단골고객들에게 문자로 설문을 보내보면 어떨까요?

– **젊은 낙엽:** 단골고객이 다 답을 해주나? 그리고 등록된 단골고객들이 다 단골
도 아니잖아.

– **열심당원:** 그래, 일단 고객들 마음이 중요하니까 설문을 보내봅시다. 지난번에
등록한 고객 리스트 있죠?

– **신입사원:** 네! 부족하지만 꾸준히 업데이트하고 있어요.

– **팀장:** 그래. 그럼, 고객 리스트 취합은 신입사원이 해보고 고객에게 보낼 설문
은 열심당원이 해보지. 그리고 또 미팅을 하면 어떨까?

– **신입사원, 열심당원:** 네! 좋습니다.

– **신입사원:** 젊은 낙엽, 고객 리스트를 제게 보내주세요.

– **젊은 낙엽:** 어, 나는 아직 취합이 안 됐는데?

– **열심당원:** 아직도 그걸 정리 안 해놓으면 어떻게 합니까? 그게 언제 일인데요?

– **팀장:** (한심한 듯) 자자, 일단 있는 거 가지고 하고, 신입사원! 젊은 낙엽이
고객 리스트 취합할 수 있게 도와줘.

– 신입사원: 네, 알겠습니다. (아, 또 나한테 챙기라네…)

외부와의 학습이 단절된 경우를 '인사이드 실링(Inside sealing)'이라고 한다. 내부적으로 인봉된 채 학습을 하지 않는 것이다. 내면적 후퇴가 큰 경우는 나름대로 사연도 많기 때문에 쉽게 회복되기도 힘들다. 젖은 낙엽에서 벗어나는 일은 새로운 학습에 도전하는 것이다. 웬만큼 큰 충격을 받아도 원래 자리로 돌아가려는 관성이 워낙 크기 때문에 쉽지 않겠지만 작은 노력부터 시작하는 것은 도움이 된다. 새로운 외국어를 배운다든지, 아주 쉬운 책을 다시 읽기 시작한다든지, 새로운 모임에 나가기 시작한다든지 말이다.

후배들은 타성에 젖은 선배들을 볼 때 실망한다. 대부분 몸을 사리기 위해서 자기 의견을 얘기하지 않거나 시키는 대로 하고, 새로운 일에는 도전하지 않는다. 의문을 제기하면 대답을 잘 못한다. 일의 본질적인 부분을 붙잡고 끝까지 도전하라고 가르치던 패기 있던 선배는 어느덧 다 늘어난 고무줄처럼 탄력이 없고 세게 잡아당기면 끊어질까봐 전전긍긍한다. 이미 너무 많이 부딪혔기 때문에 의견을 가지고 돌진해봐야 소용이 없다는 것이다. 그냥 시키는 대로 빨리 콘셉트 잡고 일을 해치우는 것이 빠르기 때문이다.

어느 날 선배가 나에게 굉장히 중요한 회사생활의 노하우를 알려준 적이 있다. 나는 선배에게 왜 상사들이 나를 별로 좋아하지 않는지, 후배들이 나를 좋아하는 것에 비해서 다르게 느껴져서 궁금하다고 물었었다. 이에 선배는 진지하게 코칭을 해주었다. 선배는 팀장들이 의견을 얘기해보라고 할 때 어떻게 대답하면 되는지를 말해주었다.

1. **첫 번째 질문했을 때:** 예, 제 생각은 팀장님 생각과 같습니다.

2. **두 번째 질문했을 때:** 아, 팀장님 생각과 같습니다.

3. **세 번째 질문했을 때:** 다 동의하고 제 생각을 좀 보탠다면 ○○○입니다.

절대로 팀장이나 상사와 의견과 자신의 의견이 다르다고 얘기하면 안 된다는 것이었다. 무소신이야말로 최고의 소신이라는 것이다. 대단한 노하우가 아닐 수 없다. 자기 생각이 있지만 상사 앞에서 굽힐 수 있는 인품을 먼저 키우라는 뜻일 터다. 사람은 누구도 대놓고 당신이 틀렸고 당신이 싫다고 말하는 사람을 좋아하기는 어렵다. 그러나 그 무소신이 일하는 스타일로 굳어져버린다면 나이나 경륜과 상관없이 그냥 젖은 낙엽일 뿐이다.

조직은 살아 있는 사람들로 이루어진 유기체다. 폭발할 것 같은 긴장, 성향 차이든 업무 때문이든 벌어지는 갈등, 그리고 달성해야 하는 목표가 있다. 어떻게든 최적의 성과를 내고 또 조직과 함께 구성원들은 성장한다.

만약 젖은 낙엽과 함께 일하고 있다면 적극적으로 도와주고 또 계속 책임을 주어야 한다. 도망가거나 피할 수 있는 틈을 메우고, 고도의 긴장감을 갖고 관리하면서 체크 주기를 짧게 가져가는 것도 좋은 방법이다.

미국의 행동과학자 크리스 아지리스는 학습이 멈추었다는 징후로 '나에게 피드백을 하는 사람이 없어졌다.'는 것을 뽑았다. 회사에서 누군가에게 소위 깨지고 부딪힐 수 있다는 것은 내가 성장하고 있다는 징후다. 어느 시기가 지나면 나를 혼내고 가르쳐주는 사람이 없어진다. 관계 속에서 상호작용 없이 오직 정해진 카드로만 게임을 한다면 이미 그 카드는 쓰지 않거나 룰이 바뀐 게임인 셈이다. 그렇다면 도대체 누구와 어떤 게임을 할 수 있다는 것인가!

동료의 등에 대고 외치고 싶다. '당신도 젖은 낙엽입니까?' 인봉된 낙인을 과감하게 떼고 그 안에서 나올 수 있도록, 묵은 때가 잔뜩 긴 내면의 거울을 닦는 것을 도와주고 싶다.

타성과 관습에서 벗어나 다음 단계로 뛰어넘어가는 당신과 함께 일하고 싶습니다.

믿어준 사람을
배신하지
않는다

주권자가 네게 분을 일으키거든 너는 네 자리를 떠나지 말라.

공손함이 큰 허물을 용서 받게 하느니라.

(전 10:4)

· · · ·

　자신이 속했던 조직에서 성공체험이 있다면 참 기쁠 것이다. 성공체험은 벼농사를 짓기 전의 모판과 같은 역할을 하기도 한다. 그 경험과 학습을 바탕으로 조직생활을 확장해가는 것이다. 대한민국 남성이라면 누구나 조직에 대한 강렬한 기억은 군대일 것이다. 종종 듣는 이야기는 남자들이 심한 심리적 스트레스를 받을 때 꾸는 꿈 중 하나가 다시 군대 소집 영장을 받는 꿈이라고 한다. 그래서 자신은 분명히 아니라고, 제대를 했다는 확인서를 아무리 찾아도 없고 군대를 가지 않았다는 기록만 남아 있어서 계속 제대를 했다고 외치다가 꿈에서 깨는 경우가 있다는데 정말 악몽이라고 한다.

　극히 드문 경우이지만 군대에서 제대 후에도 계속 내무반 사람들과 만나고 가족모임을 하는 사람도 있다. 그 당시 병장, 상병, 이등병까지 말이다. 그 계급을 그대로 유지하면서 사회에서도 만나면 그 호칭을 쓰고 사람 좋은 병장은 아직도 내무반 후배들을 살뜰히 챙긴다는 것이다. 대한민국의 군대문화가 이슈가되기도 했던 요즘 정말이냐고 물을 수도 있겠지만 이런 성공체험은 아마 회사 조직 내에서도 흔치 않을 것이다.

오랜 조직생활의 기억에서 어떤 시기를 똑 떼어내서 그때로돌아간다면 참 좋겠는 사람들과 일도 있다. 그래서 우리는 OB모임을 한다. 지금은 두산 HR(인적자원)사업부문을 담당하고 있는 홍영대 전무는 항상 손으로 쓴 연하장을 지인들에게 보내는것으로 유명하다. 같이 일했던 GE 헬스케어 시절, 연말이면 팀원들을 집으로 불러서 꼭 식사를 대접했었다. 어디 그뿐이랴, 당시 집에는 칫솔이 30여 개 있었다는데 홍 전무의 집에 드나들며숙식하던 젊은 청춘들을 위해 부인이 준비해놓은 칫솔들이었다니, 믿기 힘들지만 사실이다.

나의 기억에는 늘 홍영대 전무가 리더로 기억된다. 누구나 우러러볼 만한 좋은 조건을 가지고 있었던 것도 아니었다. 구성원들은 팀장이던 홍 전무를 참 좋아했었다. 여러 가지 사정으로 당시 홍 전무가 이끌던 HR팀은 조기에 해산되었고, 홍 전무는 자신의 친정인 금융업계로 돌아갔다. 나도 다른 회사로 떠났고 각자의 자리에서 살아가고 있지만 지금까지 당시 HR 프로젝트를 함께했던 싱가포르 렉 쇽킹과 함께 서로 안부를 묻고 시간이 되면 같이 저녁을 하고 싶어 하니 신기한 노릇이다.

이렇게 기억에 남는 보스와는 꼭 당시 조직의 구성원들이 함께했던 성공체험도 있다. 팀은 조직이 부여한 미션을 달성하기 위해 존재한다. 생각하는 체험은 이 미션을 수행하면서 몸에 밴 기억일 것이다. 공통적인 점은 성장의 기쁨을 공유했다는 것이다.

GE의 멤버로서 새로운 HR 시스템을 도입하는 도전적인 프로젝트의 수행, 멋진 프로젝트이긴 하지만 영어를 잘 못하는 나는 당시 진행되는 일에 대해 무슨 이야기를 하는지 따라가기도 바빴고 하루 종일 단 한 명의 외국인을 위해 영어를 쓰다 보니 저녁 먹을 즈음에는 더 이상 영어는 한마디도 들리지도 말하지도 못했던 기억이 난다. 뭐가 제대로 되어가는 건지, 매일 이렇게 바쁘게만 지나가도 일이 되는 것일까를 생각했던 때가 지나면 분명 뭔가 다음 단계의 지점이 희미하게 보이게 마련이다. 홍 전무는 늘 후배들에게 이렇게 얘기해주곤 했다.

"사람을 계발하는 데 성공한 사람은 타인에게 꼭 필요한 도움을 준다."

– 존 맥스웰

일반적으로 리더십 전문가들은 보스를 그다지 좋지 않은 리더로 이야기한다. 왜 그런지는 알겠지만 나는 여기서 보스라는 개념을 그저 마초 같은 남자 상사의 기질로만 이야기하고 싶지는 않다. 다소 직선적이고 투박하더라도 자기 손을 거친 사람들에 대한 지속적인 애정, 목표와 일에 대한 뚝심을 말하고 싶다. 좀 시골스러운 형님 리더십이라고 할까? 사실 요즘 젊은 세대들도 신사적이고 합리적이지만 결과만 챙기고 때가 되어 헤어지는 선배나 상사에게 정을 느끼지는 못할 것이다. 아무리 세대가 바뀌어도 한국인의 정서라는 것이 있다.

조직에서는 목표를 달성하는 것이 굉장히 중요하다. 그래서 상사들은 후배 구성원을 대할 때 얼마나 열심히 일하고 있는지, 그리고 얼마나 많은 것을 성취했는지를 주로 확인한다. 이것이 중요하긴 하지만 어찌 보면 지금 경영상에 필요한 일에 의한 프레임으로 구성원을 보고 대하는 것일 수 있다. 좀 더 내공이 있는 상사들은 그 사람이 가진 장점과 잠재력을 일깨워주고 일에 활용할 수 있게 해준다. 만약 이런 일에 있어서 교감에 성공한다면 더욱 조직의 성장에 잠재력을 일깨우는, 한층 진보적 리더십이라고 할 수 있을 것이다.

구성원을 성장시키는 보스는 상호 관계의 사전에 신뢰가 형성되어 있다. 구성원은 보스가 자신에게 무한한 신뢰를 보내주었다고 믿는다. 스티븐 M. R. 코비는 신뢰의 속도는 느린 것처럼 보이고 당장 매출 증대에 영향을 주지 않는 것처럼 느껴지지만 매출 2배, 순수익 1,200퍼센트, 주주가치 54배 성장의 원동력이 되며 신뢰가 높아지면 속도는 오히려 빨라지고 비용은 내려간다고 말한다. 즉, 당장 목표에 필요한 수준에서 구성원과의 관계를 맺는 것보다 신뢰를 형성하는 것이 처음에는 시간도 걸리고 어렵지만 결과는 훨씬 좋다는 것이다.

나는 신뢰하지 않는 후배에게는 개인적으로 야단치기가 쉽지 않음을 느낀다. 사실 인격 대 인격의 관계로 누군가를 야단칠 수 있다는 것이 성사될 수 있는가 생각해보기도 한다. 단순히 내가 화를 내거나 자존감을 건드린다고 받아들여진다면 관계는 오히려 망가지게 된다. 스승과 제자, 부모와 자식, 형제 관계가 아니면 누가 누구를 골육처럼 생각하고 야단칠 수 있겠는가?

'불인지심(不忍之心)'이라는 사자성서가 있다. 이것은 어떤 상황에 처한 구성원을 보고 그냥 지나치지 못하는 마음을 말한다. 측은지심과 비슷한데, 불인지심은 더 나아가서 실제로 도와주는 것을 말한다. 상대방에 대한 질책이든, 잘못된 것을 바로잡아주는 것이든, 일하는 방식이 맘에 들지 않는 것이든, 야단을 맞은 후에도 기분이 좋게 느껴지는 것이 보스의 매력이다.

"나 방금 박 선배한테 대박 깨졌어."

"그래? 괜찮아? 그분 한번 깨면 엄청나다던데."

"괜찮아. 왠지 일을 더 잘하고 싶어졌어. 긴장감도 높아지고."

"그래? 대단하시다."

"왜 그래? 표정이 영 안 좋은데?"

"나 이 회사 나가려고. 이제 더는 못 참아."

"아니, 왜? 또 박 선배 때문에?"

"응. 하지만 결코 그냥 순순히 물러나주진 않을 거야. 나는 이 문제를 윤리경영
팀에 얘기하고 고발할래."

이 두 가지 사례는 날마다 회사에서 일어날 수 있는 상황이다. 결국 방법의 문제이기도 하지만 관계의 문제인 것이다.

또 한 가지는 자기 자신에 대한 개방성이다. 어떤 리더들은 자기 방에서 회의 때 이후에는 문을 닫고 혼자 있고 싶어 한다. 자신의 방을 은신처처럼 사용한다. 하지만 또 다른 리더들은 하루 종일 문을 열어놓는다. 그리고 방에서 하는 이야기 소리가 밖까지 들릴 정도로 늘 소리를 낸다. 어떤 정보가 있으면 웬만한 것은 다 공유하고 직접 설명해준다. 늘 지나가다가 인사하고 차 한 잔 들고 들어가서 인사하면서 편안하게 이야기를 할 수 있기 때

문에 보고 자리에서 공식적으로만 만나는 것보다는 확장된 대화가 가능하다.

만약 아버지가 항상 엄하게 자녀를 대하고 방문을 닫고 지내다가 자녀가 오면 중간에 어머니가 "아무개가 집에 이제 들어와서 인사드리려고 합니다."라고 하면 아버지가 얼마나 어렵고 무섭겠는가? 자신을 개방할 수 있는 것도 실력이다.

보스는 꿈을 전이시켜준다. 자다가도 생각만 하면 가슴 뛰는 꿈과 비전 말이다.

"선배님, 항상 해마다 사장이나 임원단이 선포하는 구성원 성장 전략과 비전 있잖아요."

"응. 있지."

"올해도 들었죠?"

"그럼, 프린트해서 밑줄까지 치며 읽었지."

"그런데요. 그동안 그게 한 번이라도 성취된 거 본 적 있어요?"

"아."

그리고 그 꿈은 리더 한 사람만의 꿈이 아니라 구성원과 공동 소유다. 비록 1~2년 같이 일하다가 헤어진다 하더라도 소유된 꿈은 마음에 뿌려져 자라고 있는 것이다. 어디서 무엇이 되어 다시 만나든 성장하고 있다. 한 번 보스는 영원한 보스!

올드보이를
대접할 줄
안다

상전들아 의와 공평을 종들에게 베풀지니

너희에게도 하늘에 상전이 계심을 알지어다.

(골 4:1)

．．．

회사생활을 하다 보면 코드가 참 안 맞는 경우를 종종 보곤
한다. 상사와의 관계도 그렇다. 하필이면 나하고 잘 안 맞고 늘
내가 눈엣가시로 여기는 동료를 상사가 예뻐한다. 일도 그렇다.
나는 분명히 일이 없는 것은 아니다. 하지만 소위 잘나가는 친구
들이 하는 성과가 드러나는 일에서는 왠지 항상 살짝 빠진다. 늘
팀 일을 열심히 하지만 핵심적인 보고서 작업이나 주요한 자리
에서 나만 빠지는 기분이 들 때가 있다.

늘 열심히 한다고 한 것 같은데 평가가 중간 정도이거나 중간
에서 약간 상위를 돌 뿐이다. 면담 때 이유를 들어보면 승진해야
하는 선배나 연공서열 때문인 경우도 흔하다. 딱히 뭔가 내가 잘
못한 건 아닌데 그렇다고 내가 아주 잘하고 있는 듯한 느낌도 안

든다. 이건 뭘까? 슬럼프도 아니고…. 조직의 평가라는 것이 나에게 영향을 주는 것은 사실이다. 그때뿐이라고 생각하지만 평가를 받은 만큼 동기부여가 된다. 뭔지 억울하고 조직생활 다 그렇다고 생각하고 말면 되는 걸까?

스포츠 팀과 팀 빌딩이나 조직개발활동을 하다 보면 1군과 2군의 확연한 차별에 깜짝 놀라곤 한다. 우선 1군과 2군은 같이 연습을 하지 않는다. 그리고 1군에게는 전용 훈련장이 있다. 2군에게는 일반적으로 전용 훈련장이 없기 때문에 훈련 장소를 찾아가며 연습해야 한다. 1군 선수들 중 규칙을 어기거나 성적이 계속 저조하면 2군으로 강등된다. 2군 선수들이 1군으로 다시 오려면 상당한 시간과 노력이 필요하다.

스포츠 팀의 룰이 만약 우리가 일하고 있는 조직에도 적용된다면 어떨까. 참 현실적인 이야기다. 꿈과 성장을 이야기하던 것과는 달리 갑자기 따뜻한 곳에 있다가 밖에 나와보니 살벌한 바람이 쌩 부는 느낌이랄까? 조직에는 분명 2군들의 삶이 있다.

요즘에는 연공서열이 철저하게 무너지고 있다. 팀장을 10년째 하는 경우는 열 살 어린 팀장 후보생들과 같이 경쟁하는 것과 마찬가지다. 하물며 임원 후보들이랴. 한참 고참인 선임과 3~4년차 된 신입의 나이차가 띠동갑인 경우도 허다하다. 사회가 고령화되었기 때문에 일해야 하는 시간이 늘어나고 신입의 수는 계속 적어지고 있다. 최근 시장이 축소되어서 어려움을 겪는 컨설턴트 친구들의 이야기가 나이든 고참인 나의 가슴을 따갑게 한다.

"역시 일은 젊고 빠릿빠릿한 애들이 잘해."

"무슨 뜻이야?"

"예전에는 무조건 경험 많은 시니어 컨설턴트들을 데리고 일해야 한다고 생각했는데 요즘 제안서나 프로젝트를 할 때 오히려 연차 어린 친구들하고 작업하니까 좋더라고."

하지만 전혀 다른 차원의 이야기도 있다.

"요즘 젊은 친구들은 무슨 생각을 하는지 모르겠어."

"무슨 뜻이야?"

"아니 도대체 과제를 주면 자기 생각이라곤 없어. 고민을 안 하는 거 같아."

이 두 에피소드는 사실 같은 이야기가 아닌가 싶다. 예전처럼 팀 구성원들의 연차가 어느 정도 고른 구성이 아니고 소위 허리 계층이 싹 빠져 있기 때문에 늘 일을 할 때 누군가의 허리가 휘게 마련이다. 뭔가 일은 더 많이 해야 하는데 성과는 예전 같지가 않고 과제의 난이도는 더 높아지고 결국 계속 힘들다는 얘기다. 이때 우리는 올드보이들의 귀환을 기대한다.

프로젝트를 기안할 때 구성원들의 창의성을 기대하기도 하지만 허리 계층이 빠진 상황에서 연차가 짧은 젊은 구성원들에게 성숙한 과제 수행을 기대하기는 어렵다. 많은 부분을 덧붙여줄 수는 있지만 주도적이고 자기 완결적인 수행이 어려울 때는 이전의 프로젝트를 다시 찾게 된다. 물론 어떤 직무에서 일한 연수가 역량을 그대로 얘기해주진 않지만 경험에서 오는 숙련도는 무시할 수 없다. 이것은 몸에 배어 있는 매뉴얼 같은 것이다.

올드보이들의 강점은 네트워크에 있다. 사내 네트워크는 물론이고 사외에서도 굉장히 깊고 넓은 폭의 인맥을 형성하고 있기 때문에 업무 소스를 찾기가 쉽다. 사회가 고령화되기 때문에 사람들은 어느 수준 이상의 숙련과 성숙을 기대하는 것 같다. 흔히 나이를 먹으면 속도가 느려진다고 하지만 나이가 들어가는 시니어들은 오히려 속도가 빠르다. 업무 파악이 빠르고, 노하우가 있고, 참조할 수 있는 기준도 있기 때문이다.

최근 비서직군에 대한 경영층의 니즈는 너무 어린 여자 비서보다 어느 정도 직무 경험이 있고 연륜이 있는 비서를 선호한다고 한다. 그 이유는 다양한 사람을 격에 맞게 대하고 다양한 상황에서 대처 능력이 아무래도 어린 사원보다는 경험이 있는 사원이 더 능숙하기 때문이다.

또 여자 사원들의 경우도 어린 아이들의 육아로 회사도 가정도 자기 자신도 제대로 돌볼 경황이 없는 상황보다는 어느 정도

잔손이 많이 가는 육아 시기를 지난 시니어 여직원이 더 일을 시키기 편안하다는 의견도 종종 있다. 이런 점들이 경력단절 여사원들의 재취업 기회로 연결되면 좋겠다는 개인적인 바람이다.

'세월이 약이다.'라는 속담이 있듯이 모든 일에 시간이 지나는 것만큼 좋은 것이 또 있을까를 생각한다. 몇 년 전부터 시골에 내려가서 사시는 친정 부모님 집에 가서 직접 김장을 담가오고 있다. 나는 어머니에게 올해는 김장을 몇 포기 할 생각이니 배추와 무를 심을 때 그만큼 심으라고 이야기해놓고는 수시로 전화를 해서 어머니를 독촉하곤 한다.

"엄마, 올해 김장 언제 할 거예요?"

"응. 해야지."

"아니 언제쯤 하면 좋아요? 날짜를 언제로 정할 거예요?"

"얘는, 배추가 자라야 김장을 하지, 이제 겨우 싹 나고 있다."

또 메주를 띄워서 청국장을 직접 담가서는 말리고 가루로 된 파우더 청국장을 만드시는 엄마에게는 이렇게 말한 적이 있다.

"엄마, 올해는 언제 청국장 만들어요?"

"응, 이제 봐서 해야지."

"언제 청국장 나와요?"

"얘는, 메주를 띄워야 청국장을 만들지. 아직 메주콩 손질도 안 했다."

나는 압력밥솥에 밥을 하면 늘 실패를 하곤 한다. 그 이유는 불 조절과 뜸 들이는 시간을 잘 못 맞춰서다. 분명히 살 때는 15분이면 밥이 된다더니 그것은 상술이었다. 밥이 제대로 되려면 뜸을 잘 들여야 하는데 그것을 못 기다리고 뚜껑을 열거나 불 조절을 잘 못해서 밥을 눈게 만들기 일쑤다.

처음 시집왔을 때 시어머니는 주방에서 동서 형님들 보조를 하고 있는 내가 쌀을 씻자 웃으시며 말씀하셨다.

"얘, 새아가 네가 밥을 하냐?"

"예, 어머니. 형님들이 쌀을 씻으라고 하셔서요."

"밥하는 게 제일 어려운 일이다."

그렇다. 밥은 정말 어렵다. 매일 먹으면서도, 매일 밥을 하면서도 제대로 된 밥을 하는 게 얼마나 어려운지 새삼스레 느낀다.

다시 직장 얘기로 돌아와서 결국 기다림과 참음이 성공의 관건이라는 말을 하고 싶다. 매일 하는 일인데 왜 그렇게 제대로 일을 하기가 어렵기만 한 것일까?

어떤 일이든지 되지도 않을 힘을 써서는 안 된다. 뜸을 들이고 불을 조절하는 일은 올드보이들의 몫이다. 기다림과 참음, 꾸준한 노력은 2군 선수였던 나에게도 어느 날 메인 리그에서 뛸 수 있는 기회를 준다. 일상에서 성실함이 쌓이면 어느 순간 절대 열리지 않을 것 같던 문들이 열리는 시기가 반드시 온다. 절대 끝나지 않을 것 같던 겨울이 지나야 봄이 오듯이 말이다.

톨스토이의 이야기 중에는 바보 이반이 지혜롭고 아름다운 여인과 결혼하는 에피소드가 있다. 바보 이반의 성주는 이반에게서 아내를 빼앗기 위해 이반에게 이반이 혼자 끝낼 수 없는 어렵고 많은 일을 준다. 그것은 산처럼 쌓인 흙을 해 지기 전에 옆으로 옮기는 일과 같은 것이다. 이반은 그 산 앞에서 한숨을 내쉬며 이제는 다 틀렸다고 낙심한다. 그런데 이반의 지혜로운 아내는 "절대 뒤를 돌아보거나 다른 생각을 하지 말고 오직 지금 눈 앞에 있는 할 일에만 집중해요. 그러면 어느 사이엔가 그 일이 해 지기 전에 끝나 있을 거예요. 조건은 절대 뒤를 돌아보지 않는 거예요."라고 말했다. 이반이 바보인 것이 다행인지, 이반은 지혜롭고 아름다운 아내의 말대로 오직 산같이 쌓인 흙을 옆으로 치우는 일에만 집중했다. 뒤를 돌아보거나 낙심하지 않고 말이다. 이러한 과제를 서너 번 거친 후 이반은 아름다운 아내와 함께 행복하게 살 뿐 아니라 성주에게서 많은 보물도 얻었다.

2군에서 사투하고 있는 당신, 뜸들이고 불 조절할 줄 아는 진정한 선수인 올드보이, 당신의 귀환을 기다립니다.

한 번 맺은 관계는
느슨하게라도
유지한다

주의 아름다운 복으로 그를 영접하시고

순금 관을 그의 머리에 씌우셨나이다.

(시 21:3)

우리나라는 3단계의 관계만 넘으면 다 아는 사이가 된다는 얘기가 있다. 우리 일생의 관계도는 250명 이내에서도 끝난다는 것이다. 어떤 사람은 정말 관계의 신이다. 회사에 방문하는 모든 사람이 거의 다 아는 사람이거나 굉장히 친한 사람의 아는 사람이다. 이런 관계를 어떻게 맺는지 궁금할 정도다.

여기서 말하는 '아는 사람'의 의미는 무엇일까? 언뜻 생각하기로는 그냥 이름과 얼굴 정도 알고 눈인사를 할 수 있는 관계라고 하면 될까 싶다. SNS로 연결되는 사람들은 이 정도의 수준에서 관계가 형성된다. 이름은 아는데 얼굴은 실제로 만나보기가 어렵고, 친구를 맺지만 실제 우리가 생각하는 정말 친구는 아닌 것 관계 말이다.

조금 깊게 생각해보면 '아는 사람'이라는 관계에도 여러 단계가 있는 것 같다. 일반적으로 '아는 사람'에게는 업무를 부탁할 수 있다. 회사 내에서 업무상 연결되어 있기 때문에 부서 간에 도움을 주고받는 것을 넘어서서 사외 벤치마킹을 할 일이 생겨서 타사 사례가 필요할 때 연락해서 정보를 받을 수 있는 정도다. 이 정도 관계라면 꽤 신뢰가 쌓였다고 볼 수 있지 않을까?

요즘은 워낙 소셜 네트워크가 활성화되어 있어서 공식적으로 업무상 관련되어 있는 외부 사람들과 네트워크를 형성하고 참여할 수 있다. 여기서 '아는 사람'의 폭은 넓고 다양해질 수 있을 것이다. 그러나 어느 정도 시일이 지나게 되면 여기서 오는 관계의 가벼움과 정보 교류의 한계에 부딪히기도 한다.

전문가들은 사적인 소규모 모임을 갖기도 하는데, 사람들은 이차적인 사회적 관계 속에서 어느 정도 일차적인 관계로 좁히고 싶은 로망을 품고 있는 것 같기도 하다. 그래서인지 MBA나 특수 대학원에서는 관계의 끈끈함을 요구한다. 아마도 우리만의 리그, 우리만의 이너서클을 형성하고 나름대로 영역에서 파워를 형성하고 싶은 것일 수도 있다.

여기서 관계의 맥에 대해 조금 더 깊게 이야기를 전개해보고 싶다. 어머니는 사회생활을 시작하는 나에게 모든 면에서 첫 단추를 잘 끼워야 한다는 것을 강조하셨다. 그렇다. 250명 이내에서 평가받는 나의 삶이라면 얼마나 첫인상이 중요할 것인가? 첫 모임, 첫 만남에서 이미지는 굉장히 영향력이 크다. 우리나라 사회의 문화적 특성일 수도 있지만 사람에 대한 선입관, 특히 부정적인 선입관은 한 번 형성되면 쉽게 바뀌지 않는다. 그리고 이것이 공통적으로 여러 사람이 평가하는 이미지가 되면 조직생활을 하기가 힘들다.

선입관이라는 것은 어떤 사람을 특정한 프레임으로 보는 것이다. 그리고 좀처럼 그 프레임을 버리려고 하지 않는다. 아마내가 갖게 된 부정적인 감정을 합리화하기 위해 그다음에도 그선입관에 맞는 행동을 찾아서 끼워 맞추기 때문일 수도 있다.

첫인상 못지않게 중요한 것은 회사를 나간 옛 상사, 동료, 후배와의 관계 유지다. 이분들이 무엇인가 부탁을 해올 때는 사내규정에 위반이 되지 않는 한 적극적으로 도와주는 것이 좋다. 나도 언젠가는 회사를 나가게 되기 때문이기도 하지만 회사 밖에서 또 다른 차원의 관계가 형성되어 내부로도 영향을 미치기 때문이다. 회사를 떠난 사람들은 나의 굉장한 파트너가 될 수 있는 잠재력 있는 친구라는 사실을 명심하자.

원수는 외나무다리에서 만난다는 속담이 있다. 이것만큼 맞는 말도 드물다. 내가 개인적으로 존경하는 선배 한 분은 너무 힘든 상사를 만나 인격적으로도 계속 모욕감을 느끼기도 해서 더 이상 함께 일하고 싶지 않다고 말하고는 다른 부서로 옮겼다고 한다. 그리고 수년간 평안하게 비교적 잘 지냈는데, 사장이 바뀌면서 조직 개편이 크게 이루어지고 다시 그분이 직속 상사로 오게 되었다는 이야기를 들었다.

어디 그뿐이랴. 상사로 모시는 동안 그분의 리더십에 대해 맞지 않는다고 비난하고, 회의 때마다 치받고, 자기주장을 굽히지 않고 관철시키기 위해 하루가 멀다 하고 싸웠는데, 부서가 사업을 정리하게 되자 정작 내가 가서 부탁을 해야 하는 관계가 되고 말았다는 이야기도 들은 적이 있다.

다시는 만나지 않을 것같이 정리한 어떤 관계는 참 이상하게도 내가 너무도 아쉬운 상황에서 그 사람에게 손을 벌리게 되거나, 아니면 이제는 좀 잊고 살 수 있게 되어 편안하다 싶을 때 꼭 다시 내 인생으로 걸어 들어오게 되는 것이다.

예전 어느 동료는 너무나 괴롭히던 상사들의 이름을 죽 적어놓고는 혼자 결심하곤 했다는 얘길 한 적이 있다. '내가 반드시 이 사람들보다는 회사를 오래 다녀서 꼭 이 사람들이 나한테 부탁하는 관계가 될 때까지 일해야지.'라고. 그런데 다행인지 불행인지 내 동료는 그들보다 먼저 회사를 그만두고 지금은 잘 살고 있다. 이렇듯 모든 게 내 뜻대로 되지는 않는다.

내가 모시던 어느 팀장이 지닌 관계의 맥의 한 수는 이것이다.

바로 '누구와도 적이 되지 않는 것'. 그 이유는 언제 어디서 다시 만나게 될지 모르기 때문이라고 한다. 단순하지만 참 어려운 한 수다. 어떻게 누구와도 적이 되지 않을 수 있을까? '좋은 게 좋은 거라는 식으로 늘 타협하는 것이 일을 잘하는 것인가? 자기만 살겠다고?' 이렇게 생각할 수도 있지만 이것도 중요한 삶의 처세다.

사실 따지고 보면 회사 일을 하면서 누군가와 원수를 질 만큼 싸울 일이 무엇이 있을까? 항상 시작도 중요하지만 마무리도 중요한 것 같다. 관계가 좀 안 좋았더라도 마무리를 잘하는 것. 오랜 조직생활을 경험하고 나서야 느끼는 점은 부딪히는 일이 생길 때는 내가 먼저 잘못을 인정하고 사과하는 것이 좋다는 것이다. 그리고 오해의 실마리를 같이 풀어보는 것이다. 반드시 상대방도 나에게 사과를 하게 되어 있다.

또 한 가지는 내가 먼저 아는 척을 하지 않는 것이다. '나는 너보다 많이 알고 있다.'라는 자세는 상대방을 제압하고 나의 의견을 관철시킬 수는 있지만 상대방이 나를 좋아하게 만들기는 어렵다. '그래요. 당신 정말 잘났어요.' 하는 감정을 줄 수 있고, 왠지 주는 것 없이 밉상이 되거나 대하기 꺼려지는 사람이 될 수도 있다.

관계의 맥에 대한 또 다른 한 수는 지속성이다. 어떤 사람은 자기가 필요할 때만 연락해서 원하는 것을 챙기고 그다음은 안녕이다. 설마 그럴 사람이 있을까 싶겠지만 사실이다. 본인은 그러려는 의도가 아닐 수도 있지만 요구하는 것을 당연시하고 계속 뭔가를 요청하기만 한다. 평상시에는 전화는커녕 안부 문자도 하나 없다가 어느 날 전화가 와서 무슨 이야기인가 싶어 들어보면 꼭 필요한 자료나 관련된 사람 연락처를 물어보는 경우가 많다. 이런 경우 한두 번은 그런가보다 싶지만 자주 반복되면 기분이 안 좋아질 수밖에 없다. 마치 자기 아이 돌잔치에는 선물을 다 받고 정작 내 아이 졸업식 때는 아무 선물도 안 하는, 그런데 돌이 아니니까 정당화되는 그런 느낌 말이다.

관계의 맥에서 중요한 것은 지속적으로 평상시에 연락을 하는 것이다. 너무 잦은 교류가 부담된다면 꾸준히 어떤 정보나 소식을 보내주는 것도 좋다. 명언이나 긍정의 힘을 촉진해줄 수 있는 에피소드를 보내주는 것도 좋은 방법이다. 내가 먼저 주고, 내가 가지고 있는 것을 먼저 공개하는 것이 좋다.

관계의 평상성과 좀 다른 이야기지만 불가근불가원 법칙을 준수하는 것도 관계를 맺는 데에 필요하다. 구루피플스의 대표이자 경영학 박사인 이창준 박사는 사회적 관계(Social tie)의 강도는 느슨한 관계(Loose tie)가 훨씬 건강하다고 말한다. 흔히 이너서클에 대해 이야기하면 누군가 리더가 있고 그 사람은 자기의 리더십을 확인하기 위해 충성과 복종을 요구하게 된다. 그 그룹에 들어감으로써 지불하게 되는 대가는 시간, 비용, 심리적인 관계, 강도의 정도다.

누군가에게 무언가를 해주면 우리는 기대를 하게 된다. 내가 이만큼 해줬으니까 저 사람도 나에게 이 정도는 해줘야 한다는 것이다. 그렇지만 정말 바람직한 관계는 어떤 기여를 할 때 대가를 바라지 않는 것이라고 이야기한다. 기대가 없으면 내가 이만큼 한 것에 대해 상대방도 당연히 나에게 해주어야 하는 것을 기대하지 않는 것이 Loose tie다. 이런 경우는 사실 크게 갈등이 없다.

기대에 부응하지 못할 때 얼마나 배신감과 분노를 느끼게 되는지는 사소한 일에서도 일어난다. 그래서 너무 가깝게도, 너무 멀게도 지내지 말라는 것이다.

우리는 무언가를 할 때 누군가의 기대에 부응해야 한다고 생각한다. 나를 보고 있는 사람들의 기대, 그리고 그 평가에 대해 부응하려고 노력한다. 아이들은 부모들이 아무리 성적과 상관없이 사랑한다고 말해도 자신의 성적표를 선뜻 부모에게 주는 데 많은 부담을 느낀다고 한다. 왜냐하면 부모의 평가와 반응에 큰 스트레스를 받기 때문이다. 부모의 실망에 대해서 아이들은 부모가 느끼는 것보다 더 크게 느끼고 있다고 한다. 다만 표현을 안 하는 것뿐이고 '나는 아무렇지도 않아요.'라는 말은 '나는 정말 부담돼요.'라는 말과도 같다고 한다.

Loose tie는 본질적인 부분에 더 집중하게 되는 것을 말한다. 일 자체보다 더 많이 신경 써야 하는, 심리적인 에너지가 많이 소모되는 관계는 피곤하고 오래가지 못한다. 꼭 분노의 지점을 지나게 되는 것 같다. 저 사람이 나에게 어떻게 반응하는지, 내가 이렇게까지 했는데 왜 이 정도만 인정하는지, 또 그 사람의 인정에 집중되어 있다면 사실 많은 부분이 왜곡된다.

건강한 관계를 맺는 또 한 가지 방법은 나의 실수에 대해 될 수 있으면 빨리 잊어버리고 다음으로 넘어가는 것이다. 말실수나 술자리에서 실수를 한 뒤에 그것을 만회하려고 너무 애쓰다 보면 이상하게 상황이나 관계가 꼬이고 마는 것을 볼 수 있다. 사람들은 내가 생각하는 것만큼 나에 대해 큰 관심이 없다. 사람들이 가장 관심 있는 대상은 바로 자기 자신이기 때문이다.

어떤 실수는 가십거리가 되기도 하지만 윤리경영에 위반되는 수위가 아니라면 빨리 수정하면 된다. 이미 지나간 것, 돌이킬 수 없는 것은 빨리 덮고 다음 단계로 진행해가는 것이 좋다. 모든 일을 다 테이블 위에 올려놓고 파헤치는 것보다는 때로 덮고 지나가면서 시간이 어느 정도 지나길 기다리는 것도 좋은 관계를 맺는 방법이다.

밀란 쿤데라의 『참을 수 없는 존재의 가벼움』에서 여자 주인공은 자기 친구와 바람이 난 남자친구 때문에 크게 상처를 입는다. 이 여자 주인공의 가장 좋은 친구는 바로 집에서 키우는 애완견이다. 그녀는 애완견에 대해 이렇게 설명한다. 모든 이야기를 다 들어주는데 다른 데 가서 절대 얘기하지 않고 꼭 비밀을 지켜준다고. 참 공감이 간다. 우리가 좋아하는 사람은 바로 내 말을 들어주는 사람이다.

나는 종종 말을 끊는다고 지적을 받는다. 그것은 나의 대화 습관일 것이다. 나는 상대방의 이야기를 들을 때 공감을 표현하기 위해 비슷한 소재의 이야기를 하기도 하고 또는 전문가로서 입지를 먼저 장악하기 위해 상대방의 말을 어느 순간 끊고 내 생각을 관철시키기도 한다. 하지만 사람들은 자기가 말하는 걸 끊고 내 이야기만 한다고 생각하고 그러한 대화를 달가워하지 않을 수도 있다. 하물며 그 상대가 상사일 때에는 오죽하겠는가. 내 말을 오래 들어주고 스스로 계획을 세우도록, 스스로 입장을 정리하도록 도와주는 것이 훌륭한 대화법이라는 사실을 우리는 매우 잘 알고 있다.

그리고 중요한 것은 비밀을 지켜주는 것이다. 누군가에게 어떤 말을 하고서 다른 사람에게는 절대 말하지 말아달라고 하는 것이 마치 건물 옥상에 올라가서 광고지를 뿌리는 것과 같은 사람이 있다. 오히려 '이 말이 소문이 좀 났으면…' 할 때는 그런 사람에게 얘기를 하면 된다. 비밀을 지키는 것은 어렵다. 벽에도 듣는 귀가 있고 날아가는 새가 말을 전한다고 하지 않는가? 오죽하면 『여자의 수다는 비즈니스다』라는 책도 있다.

사실 나는 여자 후배들과 수다를 떨면서 스트레스를 풀고 업무도 정리하는 편이다. 원래는 그렇지 않았던 것 같은데 40대 아줌마가 되고 워낙 상사보다는 후배들과 더 잘 지내는 편이라 그런지 그게 좋다. 하지만 사회관계에서 중요한 것은 신중한 입이다. 나이가 들어가면서 정말 마음을 다 터놓고 얘기할 수 있는 사람이 드물다는 생각을 많이 한다. 그래서인지 요즘 사람들은 많이 외롭다.

신중한 입은 관계의 맥에 중요한 요소다. 요즘 나는 '잘 모르겠어요.'라는 대답을 먼저 하고 그다음에 시간을 들여서 내 생각을 말하는 편이다. 예전에는 확고하게 내 생각, 어떤 사람에 대한 판단을 포함해서 단언적으로 얘기하는 게 잘하는 거라고 생각했는데 이제는 생각이 달라졌다. 상당히 신중하게 고려하고 또 고려한다.

'부메랑 법칙'이라는 게 있다. 내가 보낸 것이 다시 나에게 돌아온다는 것이다. 칭찬을 보내면 칭찬이 돌아온다. 기분 좋은 칭찬 중 최고는 나의 상사가 나를 다른 곳에서 칭찬한 얘기를 전해 듣는 것이다. 이것은 직접 상사에게 듣는 칭찬보다 훨씬 기분이 좋다.

내가 누군가에 대해 험담을 하고 화를 낸 것은 언젠가 반드시 나에게 다시 돌아온다. 내가 그 비슷한 상황에 처하게 되기도 하고 말이다. 최근 회사는 구성원에게 이전보다 더욱 '전부'를 요구하는 것 같다. 그 사람의 시간, 능력, 심지어 감정까지도. 사적인 부분의 영역을 많이 침범해서 공유하고 싶어 한다. 경쟁은 치열해지고 경영환경은 어렵고 사회는 빠르게 변하기 때문에 어쩔 수 없다고 생각한다.

우리나라는 1인당 국민소득이 3만 달러인 시대라는데, 실제 내 주위에 보면 3만 달러라고 할 만큼 여유 있게 사는 사람보다는 3만 달러의 사회 수준을 만들기 위해 예전보다 더 허덕이며 일할 수밖에 없는 동료가 더 많이 보인다. 좋은 관계의 출발은 서로에 대한 긍휼한 마음이다.

새로 영업팀장이 된 한 여자 선배는 매일 시간단위로 실적이 쪼이는 상황에서도 제대로 지시를 따르지 않거나 업무 수행을 못하게 되는 후배들에 대해 '무슨 이유가 있겠지.'라는 생각을 먼저 하려고 노력한다고 한다. '어떻게 그럴 수가 있지?'와 얼마나 다른가.

내가 이해받고 싶다면 다른 사람을 이해하는 폭을 넓히는 것이 관계의 맥을 잡는 첫 단계가 아닐까. 나를 잘 이해해준 동료, 후배에게 '당신과 함께 일해서 참 고맙습니다.'라고 문자라도 보내보면 어떨까.

오늘도 수고하셨습니다

내가 글을 쓰기로 한 것은 오랜 시간 경력이 단절된 여자처럼 어떤 기능이 상실된 채 아무것도 하지 못하고 지낸 기간을 닫고 새로운 다음 단계의 문으로 나오기 위해서였다. 새로운 결심으로 다시 책을 쓰기로 하고 여기저기 출판사에 원고를 보내보았지만 나의 글들은 마른 들풀 시래기 같은 취급을 받았다. 돌아오는 응답들은 '비슷한 책들이 너무 많아서 당신의 글은 차별화가 되지 않는다.'는 것이었다.

새 책을 쓰겠다는 나의 결심이 욕심이 아니라면 새로운 편집자에게 먼저 연락이 올 것이라고 믿고 기다렸다. 그러던 어느 날

폴앤마크의 최재웅 대표가 내게 전화를 했다. 곧 그의 책이 출간되는데 추천사를 써달라는 부탁이었다. 최 대표라면 나보다 더 저명한 분들을 많이 알 텐데 왜 나처럼 잊혀가는 무명에게 서평을 써달라는 것일까. 처음엔 적잖이 당황해서 물었고, 그에게 어떤 의미 있는 강연 장면에 내가 있었고 그 첫 인연 때문에 지금까지 왔다는 내용의 대답을 들을 수 있었다. 그 기회로 나는 모처럼 글을 몇 줄 써볼 수 있었다. 그리고 정말로 기다리던 연락이 왔다. 여성 리더십을 소재로 한 내 첫 책을 기억했던 편집자가 새로운 책을 제안한 것이다. 그 후로도 나는 새로 글을 쓰기 위해 일 년이 더 필요했다. 놀라운 창의력을 가진 기획자의 격려가 새로 글을 쓰겠다는 의욕을 끌어냈고 우리는 30분 만에 30여 개 챕터의 목차를 잡아냈다. 그리고 그 리스트들은 대부분 이 책의 에피소드들이 되었다.

나는 오랫동안 몸담았던 SK텔레콤을 퇴직하고 2014년에 그 자회사인 PS&M에 새로 입사했다. 처음 회사를 옮기고 나서 느꼈던 새로운 에너지를 나는 아직도 기억한다. 다듬어지지도 않고 서툴지만 순수한 눈빛을 한 한참 어린 구성원들이 나를 바라보고 있었다. 온실 속 화초처럼 예쁘게 기업교육을 해오던 나는 새로운 차원의 공간으로 불쑥 들어간 것이다. 예고하지 않고 툭 떨어진 불청객인 나에게 그들의 반응은 참 신선한 것이었다. 우선 나를 편견 없이 좋아해주었다. 내가 하는 말은 학교 선생님의 말처럼 믿어주었다. 그리고 월급을 아끼기 위해 싸왔던 도시락을 나에게 나누어주고 깎은 과일까지 내밀어주었다. 그리고 우리는 함께 일하기 시작했다. 나도 다시 오랫동안 닫았던 마음을 열고 이 사람들과 살아가기 시작했다.

지금까지 20여 년을 회사에서 일하면서 만난 모든 사람들, 그들을 만나지 않았다면 나의 지금 삶은 없었을 것이다. 그들은 나를 도전하게 했고, 때로 좌절시켰고, 분노하게 했으며, 가보지 못한 길 위에 설 수 있게 용기를 주었다. 그들은 바로 선배, 동료, 후배라는 이름의 여러분, 당신이다. 나의 결혼식에 찾아와준 사람들, 연애에 실패했을 때 같이 술 마셔준 친구, 그리고 아플 때 병원에 와준 사람들, 실패했을 때 위로해준 사람, 다시 시작할 수 있게 힘이 되어준 사람들. 그들은 모두 사실 회사에서 나와 대부분의 시간을 함께 보낸 사람들이다.

44세 나이에 새로운 시작을 할 수 있게 해준 모든 사람들에게 고마움을 전하고 싶은 마음으로 이 책을 썼다. 지금도 날마다 벌어지는 치열한 전쟁 속에서 한 걸음 전진을 위해 함께 일하는 SK PS&M 식구들에게 감사를 전하고 싶다.

그리고 사랑하는 나의 가족, 남편과 딸에게 이 책을 바친다.

당신과 일하고 싶습니다

펴낸날	**초판 1쇄 2015년 8월 28일**

지은이	**박민희**
펴낸이	**심만수**
펴낸곳	**(주)살림출판사**
출판등록	**1989년 11월 1일 제9-210호**

주소	**경기도 파주시 광인사길 30**
전화	**031-955-1350** 팩스 **031-624-1356**
기획·편집	**031-955-4662**
홈페이지	**http://www.sallimbooks.com**
이메일	**book@sallimbooks.com**

ISBN	**978-89-522-3208-3 03320**

※ 값은 뒤표지에 있습니다.
※ 잘못 만들어진 책은 구입하신 서점에서 바꾸어 드립니다.
※ 이 책에 실린 글과 사진은 저작권법에 의해 보호받는 저작물이므로 무단 전재와
   복제를 금합니다.

이 도서의 국립중앙도서관 출판시도서목록(CIP)은 서지정보유통지원시스템 홈페이지
(http://seoji.nl.go.kr)와 국가자료공동목록시스템(http://www.nl.go.kr/kolisnet)에서
이용하실 수 있습니다.(CIP제어번호: CIP2015021931)

책임편집 · 교정교열 **선우지운**